原っぱが消えた

遊ぶ子供たちの戦後史

堀切直人

晶文社

ブックデザイン・イラストレーション　南伸坊

原っぱが消えた　遊ぶ子供たちの戦後史　目次

Ⅰ　原っぱが消えた

Ⅱ　子供たちの遊び場の行方

I　原っぱが消えた

野原の切れっぱし

かつて、原っぱと呼ばれる空き地が日本のいたるところに存在していた。子供たちはこの原っぱを遊び場として、日の暮れるまでそこで遊び回った。原っぱでは時に大人たちの姿も見られた。原っぱとは、野原の切れっぱしという意味だろう。野原はあまりに広過ぎるうえに、遠征しなければならないので、子供たちの普段の遊び場とはなりにくい。家の近所にある、切れっぱしのような小さな原こそ、子供たちの変わらぬ格好のテリトリーであった。原っぱは名前がつけられることもあるが、大概は名無しであった。子供たちは原っぱに足を踏み入れた途端に、自分たちの心を縛りつけていた拘束から解き放たれて、全身に活力があふれ、大地との一体感を味わいながら、夢中で遊び回った。原っぱは、子供たちのアジール（避難所）であり、サンクチュアリ（聖地）であった。

この原っぱは昭和二十年代生まれの世代まで、子供のころの主要な遊び場でありつづけてきた。これらの世代にとって、「はらっぱ」という言葉の響きは、喜び、開放感、メランコリーなどが交錯する思いを呼び覚ます。子供のころ、そこは探検の場とも、隠れ場所とも、戦場とも、野球場ともなった。そこは現実からファンタジーへの移行を可能とするワンダーランドであり、子供たちが想像力によって変形できる多義的な空間であった。そこは謎に満ちたミステリアスな空間でもあり、日暮れ時には魔物が現われたり、人さらいが出没したりもした。

しかし、一九六〇年代には、この原っぱは子供たちのまわりから急速に失われていった。この第Ⅰ部は、主として東京を舞台とするエッセイ、回想記、小説などを援用して、明治時代から五〇年代まで健在だった原っぱの姿を確認し、六〇年代以後における原っぱの消滅の過程をたどろうとするものである。

明治大正期の〝閑地〟で

明治大正期の東京には、あちこちに空き地があった。この東京の空き地に初めて筆を及ぼしたのは、私が知る限りでは『日和下駄』（大正四年）の永井荷風である。彼はこの東京風景誌ともいえるエッセイで、東京市内の寺、樹木、水、路地などに触れたあと、「第八　閑地」で空き地を取り上げて、次のように述べている。

「閑地《あきち》は元より其の時の場所とを限らず偶然に出来るもの故《ゆえ》我々は市内の如何なる処に如何なる閑地があるかは地面師ならぬ限り予《あらかじ》め之《これ》を知る事が出来ない。唯その場に通りかかって始めて之を見るのみである。然し閑地は強いて捜し歩かずとも市中到るところに在る。今まで久しく草の生えていた閑地が地ならしされて軈《やが》て普請が始まるかと思えば、いつの間にかその隣の家《うち》が取払われて、或場合には火事で焼けたりして爰《ここ》に別の閑地ができる。そして一《ひと》雨降ればすぐに雑草が芽を吹き軈《やが》て花を咲かせ、忽ちにして蝶々蜻蛉やきりぎりすの飛んだり躍《は》ねたりする野原になってしまうと、外囲《がこい》はあっても無いと同然、通り抜ける人達の下駄の歯に小径《みち》は縦横に踏《ふみ》開かれ、昼は子供の遊場《あそびば》、夜は男女が密会の場所となる。夏の夜《よ》に処の若い者が素人《しゅう》相撲を催すのも閑地がある為である」

永井荷風はこのように「市中到るところに在る」空き地に言及したあと、小石川に生まれ育った彼の記憶に残る、明治二十年代の東京で出合った空き地の数々を、次のように列挙する。

「私がまだ中学校へ通っている頃までは東京中には広い閑地が処々方々にあった。神田三崎町の調練場跡は人殺《ごろし》や首縊《くく》りの噂で夕暮からは誰一人通るものもない恐しい処であった。小石川富坂の片側は砲兵工廠の火避《よけ》地で、樹木の茂った間の凹《くぼ》地には溝が小川のように美しく流れていた。下谷の佐竹ケ原、芝の薩摩原《つぱら》の如き旧諸侯の屋敷跡はすっかり町になってしまった後《あと》でも今だに原の名が残されて居る。

銀座通《どおり》に鉄道馬車が通って、数寄屋橋から幸《さいわい》橋を経て虎の門に至る間の外濠《そとぼり》には、まだ昔の石垣が其のままに保存されていた時分、今日の日比谷公園は見通しきれぬほど広々した閑地で、冬枯《がれ》の雑草に夕陽のさす景色は目《ま》のあたり武蔵野を見るようであった。その時分に比すれば大名小路の跡なる丸の内の三菱ケ原も今は大方赤煉瓦の会社になってしまったが、それでもまだ処々に閑地を残している」

明治初年に山の手の大名屋敷は大名とその家来がこぞって帰郷したため、空き家となり、その庭も放置されて荒れ果て、狐の棲み処となっていたりした。明治後半に至っては、陸海軍の兵営の跡地や練兵場などにも広大な草っぱらが広がっていた。

「三菱ケ原も今は大方赤煉瓦の会社になってしまった」という箇所については、明治二十六年に両国で生まれた木村荘八《しょうはち》の『東京の風俗』のなかの次のようなくだりを参照されたい。

「丸の内に草蓬々として『三菱ケ原』のあったのは、久しく明治の景物画だったが、やがて大正年度にかけて、三菱ケ原がすっかりコンクリートで埋まった時に、――さしもの武蔵野も、その最後の一草まで、ここで遂に新時代の姿に衣更えを完了したということができる。

（略）

そもそも筆者あたりの年のものが親しんだ、丸の内興隆史の第一ページは、宮城前の『草』だったもので、この『草』を時の政府に用立金をして払下げを受けた岩崎弥太郎氏が、この『貝物』について側近に放言したという、『なあに当分あのままにして、トラでも飼えばいいさ……』の、その荒涼とした原ッパだった。われわれ子供のころには、三菱ケ原といえば、もちろん日が暮れてからは行けないところで、夏の日中などは、東京一の、虫のよく捕れるところだった」

明治二十二年生まれの岡本かの子は『丸の内草話』（昭和十三年）で、息子の勤め先の丸の内界隈を時折訪れる、東京出身の語り手の女性に、明治二十年代の三菱ケ原の景観と、そこで遊んだ思い出を、次のように語らせている。

「私の子供だった時分、明治三十年ぐらいまでの丸の内は、三菱ケ原と呼ばれて、八万余坪は一面に草茫々として原野だった。和田倉橋の辺に立って、日比谷の森が見通せた。もっともその途中に昔の庭跡らしい数奇な形をした大きな築山が大小二つあって、ちょっと展望を妨げはしたが、その楓や椿なども混って、老樹が鬱蒼とした築山を、その頃まだ生きていた私の祖母は、たぶん、松平内蔵さまの庭跡だろうといった。

いまみると、それがちょうど丸ビルの西南の角に当っているらしい。私たち子供が、男女まじりに戦《いくさ》ごっこをして、築山からなだれ降り、追撃戦に移り、組んずほぐれつ泥まみれになった池の渚のあたりは、いま明治生命の建物になっている。

その頃は日が永かったような気がする。小学校が退けてから子供たちは、貰ったおやつを手にしたまま、誘い合わせて木橋の八重洲橋を渡って丸の内に入る。（略）

（略）鍛冶橋監獄署の傍から丸の内の原に入る。そこには古く引払った官署のあとらしく、昼も暗いほど丈高い草莽の中に、破れた簾《すだれ》が窓に掛った古家の一構えが朽木がにおうほど壊れていた。（略）

そこを抜けるともう一めん見晴しの草原だった。私たちはそれを、海とも山とも見た。狩をするには、飛蝗《いなご》や蟋蟀《こおろぎ》がいた。漁をするつもりのためにはいまの郵船ビルや日本倶楽部の辺に、土を四角く切り窪めて材木の漬け堀があった。大きな子供たちは釣針で鮒を釣った。私たちは女の長い髪の毛を貰って来て、その先に飯粒を結びつけ、ダボ鯊《はぜ》を釣った」

『日和下駄』に戻ろう。その著者は空き地を雑草の園として捉える。

「私は雑草が好きだ。（略）閑地に繁る雑草、屋根に生ずる雑草、道路のほとり溝《どぶ》の縁に生ずる雑草を愛する。閑地は即ち雑草の花園である。『蚊帳釣草《つりぐさ》』の穂先の練絹《ねりぎぬ》の如くに細く美しき、『猫じゃらし』の穂の毛よりも柔き、さては『赤の飯《まま》』の花の暖そうに薄赤き、『車前草《おおばこ》』の花の爽《さわやか》に蒼白き、『繁縷《はこべ》』の花の砂よりも少くして真白なる、一ツ一ツに見来《きた》れば雑草にもなかなかに捨てがたき可憐なる風情があるではないか」

『日和下駄』の著者は、鉄条網を乗り越えて入りこんだ空き地の奥で「幽邃《ゆうすい》なる森林」を発見したという体験も語っている。

　有馬侯の屋敷跡に海軍造兵廠が造られた。その造兵廠が取り払われて、その跡が空き地になっている。この空き地は板塀と溝に囲まれているが、永井荷風と友人の二人は番人のいない門口から中へ入ってみた。母家の裏手に回ると、「上下二《ふた》筋の鉄条網が引張ってあるばかりで」。その向こうには「大きな池があって、男や子供が大勢釣竿を持ってわいわい騒いでいる」。友人はその鉄条網の間をくぐり抜け、長身の荷風は鉄条網をひとまたぎにまたいだ。池のほとりを通って奥へ進むと、思いがけず森が現われた。「私は実際今日の東京市中にかくも幽邃なる森林が残されていようとは夢にも思い及ばなかった。柳椎樫杉椿なぞの大木に交って扇骨木《かなめ》八ツ手なぞの庭木さえ多年手入をせぬ処から今は全く野生の林同様七重八重《ななえやえ》に其の枝と幹とを入れちがえている」。有馬家の放置された庭が廃園となり、さらには鬱蒼とした森と化していたのだ。「一度《ひとたび》破壊された其《その》跡がここに年を経て」、「荒蕪の詩趣に蔽われた閑地になっている」のである。

　大正初年の東京では、明治時代に広大な空き地であった場所にコンクリートの建物が建ちはしめた。『日和下駄』の著者は、有馬家の屋敷跡で森を発見したあと、「何等かの新しい計画が近い中《うち》にこの森とこの雑草とを取払ってしまうであろう。私達はその事を予想して前以て深く嘆息したのである」とつけ加えている。しかし、それでもなお、大正期の東京には広大な空き地がかなり残っていた。『日和下駄』は、尾州侯の下《しも》屋敷の跡地である戸山ケ原について次のように記している。「戸山の原は陸軍の用地である。その一部分は〔陸軍〕戸山学校の射的場で、一部分は練兵場として用いられている。併しその大部分は殆んど不用の地であるかの如く、市民若《も》しくは村民の蹂躙するに任してある」。そして、代々木や青山の練兵場、高田馬場も、同じように陸軍の用地であり、そこに一般人が入りこめる空き地が広がっていると言う。

大正の東京には、こうした広大な空き地が点在するほか、小さな空き地が市中いたるところに見られた。この小さな空き地は大人にとっては、深夜の密会場所であったり、土俵がつくられて夏の夜にそこで素人相撲が催される場所であったりする。一方、子供にとっては、そこは昼間の遊び場であり、山や川のミニアチュールであり、雑草や小動物の宝庫であり、虫捕りや探検などの場所である。品田穣《ゆたか》の『都市の自然史』（一九七四年）には、あなたの「思い出の遊び場」はどこだったかというアンケートに応じて寄せられた、大正時代に少年時代を送った世代の人たちの回答が次のように紹介されている。

「大正時代、東京の中心部まで遊び場は無制限であった。

環境庁新宿御苑の金井利彦さんは、大正十年頃から昭和二、三年にかけての少年時代、新宿区戸塚の自宅の庭（四百平方メートル）――ここはせいぜい数人で遊ぶときだけ――、凧上げもできる近所の空き地、さらに戸山ヶ原射撃場の土手と、好きな所で遊べたという。

遊びの種類は、鬼ゴッコ、カクレンボ、木登り、土合戦その他、それぞれ流行と季節的変化があったが、気がむいた時、気のむくことをしていたと報告しておられる。土合戦というのはどういうのかよくわからないが、泥ダンゴを使っての戦争ゴッコであろうか。（略）

その頃小学生時代を神田ですごされた小田部温さんは、『各所に適当に大小の原っぱがあり、堀端、家の周辺の道路で不自由なく遊んでいた』

大正初年の東京の原っぱの遊びについては、古谷綱武が『私の中の日本』で以下のように回想している。古谷綱武は明治四十一年生まれで、大正五年ごろからの小学生時代を東京の山の手で過ごした。

「天気のよい日には、学校から帰ってくるとかばんを投げ捨てるようにして、友だちの待っている原っぱへ、駆けていくのであった。当時の東京の住宅地には、いたるところに、身のたけの低い雑草の茂った空地があって、その原っぱが、学校から帰ってきた子どもたちの遊び場になっていた。そのころの子どもたちは、今の子どもたちのような遊び道具は何も持っていなかったが、日のくれるまでのひとときを惜しむようにして、原っぱを駆けまわって遊んだのである。

やがて、原っぱの西の空が、いちめんの夕焼になると、たちまちのうちに、たそがれてくる。

夕焼けは、もう家に帰らなければならない時間のきていることを告げたのであった。まもなく、まっくらな、おそろしい夜がくる。日ぐれは、その夜のやってくるさびしいひとときであった。夕焼けは、美しいよりも、日のくれていくさびしさの心にしみる景色だったのである」
「ぼくの子どもの頃には、東京山の手の住宅街にも、いたるところに空地があった。私有地でも人を立ち入らせない柵などはなくて、雑草の茂る原っぱになっていた。学校から帰っても塾に行かされることもなく、ぼくたち子どもは、その原っぱで遊んだ。子どもの靴は、まだぜいたくなものであった。ぼくたちは素足にゴムぞうりか駒下駄で、交通まったく安全なその原っぱをかけまわって遊んだ」。「どこの家にも、たいていは五人前後の子どもたちがいて、狭い貸家の中にひしめきあっていた。家の中で遊ばれてはたまらないのである。子どもはみんな原っぱに追いやられたのである」。「家には、玄関にも縁側にも、帰ってきた子どもたちにその素足の泥をふきとらせるための、もう、布に汚れがしみついてねずみ色になった濡れぞうきんがおいてあった」。「きれい好きでこまめな母親は、もうたえまないようにして、それをすすぎなおすことに追われたのであった」。

日影丈吉は古谷綱武と同じく明治四十一年生まれで、東京で小学生時代を過ごした。ただし、古谷が山の手で育ったのに対して、日影は下町の深川の生まれ育ちである。日影丈吉は「ふかい穴」（六八年）という短篇小説で、大正初年の飯田橋界隈での子供たちの原っぱ遊びを描いている。その描写には作者の小学生時代の体験が反映されているとみていいだろう。

子供にとって原っぱとは、草むらの中から何が見つかるか、その奥に何がひそんでいるか分からない、スリルと謎に満ちた、探検の場所である。とくにそこが大人の禁じる領分であれば、なおさら探検のスリルは強まる。「ふかい穴」は、子供が全身で感じ取る、そのような空き地のミステリー性を鮮やかに表現している。

主人公の小学生・貞吉は、炭団子《たどんこ》という仇名の、近所の悪童と一緒に、甲武鉄道（のちの中央線）の、後年、飯田町貨物駅となる駅の構内の空き地で遊んでいた。「駅の構内、というより構内をふくむ空地は、ひどく広い別天地だったような印象が、貞吉には残っていた」。「堀をひろげ、地下道を通した時に、あまった土が、そこらに小山をつくり、いつか雑草に蔽われ、灌木の藪がそのあいだに、はびこり、荒れ放題に荒れた蕪雑な場所だが、子供の眼には、山あり谷ありの自然場で、手ごろな遊び場だった。／そこへ、もぐりこむ通路が、二、三カ所に、ほとんど自然にできていた。犬が拓《ひら》き、子供がつけた道だったのだろう」。

この広い駅の構内には、そこに入りこんで遊ぶ子供にとっては、まだ未踏の地が残されていて、ある日、炭団子がその一部を見つけた。そのあと、彼は貞吉を引っ張るようにして、そこに連れて行く。

「『きょうは、すごいところへ連れてってやる。ほかの子は誰も知らねえ。おいらが、めっけたとこだ』と、炭団子がいった。

かれらは構内の雑木林をぬけ、運河ぞいに駅の方へ歩いた。炭団子がほのめかした秘密の場所は、思いがけないほど駅のちかくにあった。待避線のはずれの石炭置場のそばだが、かなり前から枕木が積み重ねたままになっていて、手入れがわるく、山吹や薄《すすき》が生い茂り、藪が深い。待避線で貨車の後押しをしている地響きがつたわり、駅夫の掛け声が聞えてくるのに、そこは山奥のように草ぼうぼうだ。

藪の隙間から犬のように、もぐりこむと、中に、灌木にかこまれた狭い草地があった。草の丈は貞吉の胸まであった。

『気をつけな』と、声をかけて、炭団子は草を分けながらそろそろ前に出た。

『ほら、ここだ』

空地のほぼ中央に、雑草にとりまかれて、まるい穴が、ぽっかり口をあけていた。炭団子のうしろから、こわごわのぞきこむと、穴の上に枝をさしのべている一本の木のかげになって、中は暗く、よく見えない。

『こいつは底なし穴なんだぞ。地獄まで続いてるんだぞ』と、炭団子がいった」

炭団子はこの穴を軽々と跳び越したあと、穴の向こう側から貞吉に向かって、自分がしたのと同じように穴を跳び越してみろ、と呼びかける。貞吉はためらいつつ跳躍を試みる。しかし、彼はうまく向こう側に着地できず、穴の縁につかまって穴の中にぶらさがった格好になる。そして、力尽きて穴の中途へ転落してしまう。貞吉は穴の中途で謎の女性と出会い、それからその女性が関わった犯罪事件に巻きこまれていく。ただし、ここでは、そのあとの筋の運びは省略する。だが、ここまでの展開でも、子供の、空き地の「秘密の場所」に惹きつけられる気持ちがよく捉えられていると思う。

「ふかい穴」の時代背景は大正初年代である。そのあと、大正十二年九月一日に関東大震災が突発して、東京は焼け野が原と化す。言い換えれば、空き地だらけとなる。震災前、東京市は大々的な開発の計画を進めていたので、震災が起こらなければ、市中の大きな空き地は次々とつぶされていっただろう。しかし、震災によって、その計画は頓挫した。竹久夢二は「震災雑記」（大正十二年九月十九日執筆）で、その辺の事情をこう書いている。

「弁慶橋を取り壊すとか、不忍の池を埋めるとか、二重橋の空地へビルディングを建てるとかいう話をよくきいたものだった。こん度の震災がなくて、今十年もしたら、東京の町は煙突と電気とビルディングと瓦斯《ガス》と鉄と石炭とで掩《おお》われていたかもしれない。邪魔物にした上野の森や不忍の池や宮城の濠や芝や愛宕の山が、どれだけ火事を防いでくれたか。次の東京は、緑の都市でなくてはならない。と言ったところで、今よりどれだけ好くなるのか私は知らない」

震災後しばらく、東京の大人たちは電車や電灯の便を奪われて、遠足気分で焼け跡の空き地を歩き回った。そのころ味わった喜びを、「震災雑記」の筆者はこう記している。

「電気が点《つ》かなくなってから、日が暮れれば眠り、日と共に起きる習慣を、子供のように喜んでいた。街の方に、まだ電車が通わない時には、下町の方から郊外の家まで毎日のように歩いた。暮れ方などは、みんなぞろぞろと歩いた。惨害の跡を見て歩いてすこし憂鬱になっていてさえ、この遠足は楽しかった」

震災後、東京の焼け跡は子供たちの遊び場と化した。焼け跡の空き地で子供たちは群れをなして遊んだ。長谷川如是閑の「権力の外に在る世界」(大正十二年)には、震災後の東京で見かけた、そのような空き地での子供たちの群遊図が描かれている。如是閑は、この空き地にひしめく子供たちの、遊びにおける、自発的な、みごとな一致協力ぶりを目のあたりにして、そこに「一つの完成した、平和で強固な協同社会」の雛形を発見し、感動を覚えた。

「震災後、道路や家屋の修繕に使う砂がところどころの道端に積みあげられているのを利用して子供達の間に一種の遊びが流行り出した。それは砂を栄螺形《さざえがた》に高く盛上げて、その頂上から螺旋形《がた》の道を作って、それにボールを転がすのであるが、その道の途中には、波形に高低をつけたり、長いトンネルを穿ったり、複雑な道路を作ったりして、転《ころが》って行くボールが上《あが》ったり下《さが》ったり、隠れたり、現われたりして、結局思いもよらぬところにころがり出すのを親しむのである。

私は屢々《しばしば》殊に停電を喰った折などには甚だ詳細に、水道橋の停車場の高いプラットフォームの上からそのすぐ下の、浜辺の砂浜のように連続して積みあげられた砂丘でそのあそびに熱中する子供を見おろした。

そこにあそんでいた四、五人の子供が、いつの間にかその砂あそびに取りかかった。その子供達は無論何の意図もなしにただ偶然にそこに集まった群に過ぎなかったであろう。そのうちの誰《た》れかが発議したのか乃至は期せずして皆がその遊びに取りかかったのか、何れにしてもそこにそのあそびが始められたのである。すると子供一同は、互《たがい》にそのうちの誰れ一人から命ぜられた訳でもなく、またそれに協同しなければならない何等の拘束があるわけでもないのに、それが恰《あたか》も当然のことであるように、直《ただち》に一致の行動を採って、極めて自然にそのあそびに協同したのであった」

戦前東京の原っぱで

帝都の復興なった昭和初年の東京では、関東大震災による焼け跡には次々と建物が建ち、焼け跡の空き地は年々縮小していった。それでも、市中に空き地はかなり残っていた。

夢野久作は短篇小説「童貞」（昭和五年）で、東京の中心部と思われる地域の空き地を作中に登場させている。主人公は、一時は天才的ピアニストとして名声を得ながら肺結核にかかり、自分の死の近いことを感じて、「自分の病気を見棄てた医師、親同胞《きょうだい》、友達、恩師、若い男女のファンたち、社会の人々からコッソリと逃げ出して、タッタ一人で大地に帰るべく姿を晦ましてしまった」青年であり、東京の路上をふらふら歩き回ったあげく、空き地に入りこんで、そこに病んだ体を横たえる。

「それからまた、どれ位あるいたか解らなかったが、その中《うち》に気がついてみると、彼は一つの空地に生えた草原の片端に、大の字なりに仰向けになっていた。そうして彼の顔の上には、ペンキのように青い空が二ツ三ツ白い雲のキレを溶かし込みながらピカピカと光って蔽いかぶさっていた。

その草原の周囲は、仕事を休んでいるらしい大きなガランとした工場の背中で囲まれていて、どこに隙間があるか、彼自身がどこから入って来たのか、チョット見まわしただけでは解らなかった。（略）

彼の鼻の先には、震災の名残りらしい、赤煉瓦とコンクリートの破片がゴロゴロと積み上げられていた。その上から草原一面にかけて、真赤に錆びた鉄力《ぶりき》の切り屑、古新聞、古バケツ、ゴム靴、古タイヤ、麦悍帽《わら》などが、不規則な更紗模様を描いて散らばっていた。あとは名も知らぬ蔓草や、ヒョロ長い雑草が元気よく茂り合っているばかりであった」

主人公の青年音楽家は、この空き地の草はらの地面に横臥して「大地のオーケストラ」に耳を傾けて涙を流す。そこへ少し前に彼が路上で出会った女が変装してやってくる。……

しかし、そのあとの筋の展開を追うのはやめよう。私は「童貞」を一読して以来、この昭和初年の東京市中の一隅にある空き地の草っぱらの、「末期の目」で眺められた情景が妙に忘れがたく、それで、ここに取り上げてみたのである。

桂英澄編『小学生が見た大正末期・昭和のはじめ』は、大正末期から昭和初年にかけての時期に東京の山の手のある小学校の生徒たちが書いた作文を数多く収めた本だが、このなかに、小学五年の男の子による、自分がいつもよく遊びに行く、家の近所の原っぱを描いた「うちの前の原」という作文が載っている。その概略は次のようである。

「先《せん》は四千つぼも有ったが、今はずっと小さくなって、五分の一にも足りない。／此の原はほんとうは入ってはいけないのだが此の原を持っているうちの人はみんな女の人だそうで、ちっとも見に来ない。だから、かこいをしていても役に立たない。そして、かこいをたとえ作ったとしても、わずか一月でぶちこわしてしまう。それなので野球はたえない。この原だけで、チームをつくってある。毎日とはいえないがよく野球をやる」。「近道で人通りが多い。年中人がたえないほどだ」。「よく人がさんぽに来る」。冬の雪の日には、ここで雪合戦がくり展げられる。「真夏の夕方、とんぼとりのれんじゅうといっしょに夕すずみをする」。「とんぼとりが、／『やあ、ぼんほろぼんほろ』とさわぐ中に、／『しゅっぽんしゅっぽん』という花火の音も聞える」。「日がくれてしまうと、あたりはしーんとして、おばけでも出て来そうだ。八百屋の小ぞうが、口笛をふいて通る」。

この作文の書き手の小学生は、大正初期の山の手に生まれた子供であろう。この小学生よりも十年前後あとに山の手に生まれた世代の子供たちが、後年、自分たちがかつて遊び場としていた原っぱが消えていった一九六〇年代以後に、申し合わせたように、戦前の東京山の手の原っぱの思い出を書いている。そのかつての子供たちとは、宮脇俊三、松井邦雄、川添登、田村明、北杜夫、奥野健男、槇文彦といった人たちである。

大正十五年に東京・渋谷で生まれた宮脇俊三は「ある『大正十五年生まれ』の生まれ方」で、昭和初年代から十年代にかけて自分の家の近くにたくさんあった原っぱについての思い出を以下のように書いている。

「『原っぱ』は都会に残された野原の断片、とでも言ったらよいのであろうか。かつては畑だったが、都市化が進むにつれて宅地用地となり、買い手がつくのを待っているような土地である。柵も立入禁止の札もなく放置されていたから、子供たちの恰好の遊び場となっているのが常であった。中央は子供たちに踏み固められて運動場のようになっているが、まわりには雑草が茂り、肥溜の跡が残っていた」。「山手線の渋谷駅付近は家が立てこみ、道玄坂の繁華街もあったが、ちょっと離れると、あちこちに『原っぱ』があった」。それらの原っぱは午後は遊ぶ子供たちで賑わった。それが、夕方になり、あたりが薄暗くなって、「ひと組、ふた組と子供たちが帰りはじめると、にわかに原っぱが淋しくなり、それを機にいっせいに引揚げていった。どんなに遊びに興じていても、喧嘩の最中であっても、『タンマ』と言って右手の親指と人差指で輪をつくり、中断した。いつまでも残っていると『人さらい』が来るからであった。／『人さらい』が本当にいたのかどうかは知らない。しかし、夕方になるとどこからともなく『人さらい』が現われて子供をさらい、曲馬団に売り渡すと信じこまされていた。たしかに夕暮の『原っぱ』には『人さらい』に似つかわしい雰囲気が漂うのであった。帰り道で、大きな籠を背負ったバタ屋を見かけると、子供たちは『人さらいだ』とささやき合い、回り道をした」。

実際、昭和初年から十年代までの東京では、夕暮れ時になると原っぱに人さらいが現われて子供を誘拐するという噂が広く流されていて、子供たちを震えあがらせていた。松井邦雄の「悪夢のオルゴール」の次のような一節によると、それは親が、日が落ちても原っぱで遊んでいる子供を家に連れ戻すために吐いた脅し文句であった。

「暗くなってもまだ外で遊んでいる子供は、人さらいにさらわれてサーカスへ売り飛ばされるのである。汗と埃にまみれ、ほうぼうに生傷をつけた腕白小僧どもを家に拉致するために、親はそういって脅すのであり、子供は血豆色の禍々しい夕焼け空を振りかえり振りかえり、原っぱの自由から『狭いながらも楽しいわが家』の牢獄へ泣き泣き引きもどされるのである」

親が子供にこう脅さねばならぬほど、当時の子供たちは原っぱで遊びに夢中になって時を忘れ、いつまでも遊んでいたがったのである。

川添登は『東京の原風景』で、小学生時代に遊んだ西巣鴨の原っぱについて、次のように回想している。

「私の家の近くに、新中山道《なかせんどう》に面してあき地があって、子どものよい遊び場になっており、紙芝居やドンドンやき（おこのみやき）の屋台が来たりした。そして夏には、盆踊りのやぐらが立てられ、まれには見世ものが小屋掛けすることもあった。しかしゴムの模型飛行機を飛ばしたり、大勢で戦争ごっこをしたりするには、もっと広い原っぱでなければならない。比較的近いものとしては、西ヵ原に大根原というやや大きな原っぱがあった。『江戸切絵図』にも大根原という地名がみられるがその名をこの原っぱにとどめていたのであろう。いかにもその名にふさわしく、もと畠でもあったように黒い土の広場であったが、滝の川の子どもたちのテリトリーに入っていて、なんとなく他人の場所で遊ぶような気がして、どうもなじめなかった。自由に遊ぶためには、近所の子どもたちが占領しきれないような、もっと広い原っぱである必要があった。

その一つは、サンゴの原である。中山道を西巣鴨から板橋へと進むと、池袋、赤羽をつなぐ国電の線路を越える右側にガソリンタンクが立っているが、その線路の反対側が一面の原っぱだったのである。音無川ぞいの低地であるので、おそらく比較的最近まで水田がつくられていたため、低地があって、戦争ごっこなどにはもってこいの場所であった。それ以外は、平坦で、何十回となくそこに遊びにいきながら、むこうまではほとんど行ったことがない、というほどひろかった。その一隅は、人の背よりも高い草におおわれ、なかにススキが生えていたので、月見の日には、ここへススキをとりにきた。

もう一つは、いま東京外語大のキャンパスになっている海軍火薬庫の原っぱで、もと日本海海戦で威力を発揮した下瀬火薬をつくっていたところである。まだ染井にいたころ、大きな爆発音がきこえ、家のガラス窓がビリビリなったが、その時、この火薬庫が爆発し、以後、移転して、ひろい原っぱになっていたのである。そして残るもう一つのひろい遊び場所が飛鳥山である」

江戸時代に大根畑であったところ、川沿いの低地で水田が広がっていたところ、海軍火薬庫が爆発した跡の土地。これらが子供たちが遊んだ広い原っぱだったのである。

都市プランナーの田村明は『江戸東京まちづくり物語』で、子供のころ自分が遊んだ山の手の空き地について、こう回想している。「東京の旧市では、震災の後に郊外に移転して、ほうってある土地が多かった」。「古い家の塀の一部や基礎があったり、瓦のかけらが散らかっていたりして、どこか人の住み残した残骸をとどめているものもあったが、それが数年経って自然に戻りかけた姿である」。この焼け跡のままに放置された場所は「誰の所有とも書いてなく、囲いもなくて」、子供たちが「自由に使えるもの」であった。

「原っぱは計画されたものでもないし、公的なものでもない。府や市が提供してくれたものではない。権力の狭間、都市の隙間に偶然生まれたものだが、子供たちには貴重な空間だった。子供たちの想像力と、遊びの想像力によって、どうにもなる空間であった。夕暮れどきは人攫《さら》いも出るという。どこか危険なにおいも付きまとうところが、怖いもの見たさに心を揺すられる。

誰の力も及んでいないようだが、背後にはなにかの力や影を感ずる空白の空間であった」

『江戸東京まちづくり物語』の著者はまた、青山のあたりは、斎藤茂吉が院長をしていた青山脳病院の、関東大震災で焼けた跡地の部分などに原っぱがたくさんあった、とも書いている。北杜夫は、この青山脳病院内にある家で、斎藤茂吉の次男として生まれた。彼の自筆と思われる、ある年譜には、「原っぱ、青山墓地、生家の青山脳病院の雰囲気の中で育つ」とある。彼はまた、「舞台再訪『楡家の人びと』」と題する短文で、自分の少年時の遊び場であった原っぱについて、こう書いている。原っぱは「子どものころの私に大きな影響力を持っていた。戦前の東京にはまだあちこちに空地があり、夏にはバッタやトンボとりの子どもが集り、草野球が行われ、冬には凧あげの人たちで一杯になった。『原っぱ文化』ともいえる雰囲気があったように思える。／その原っぱで、私はさまざまな遊びをした。肉弾三勇士の真似をし、ベーゴマをやった。また紙芝居がやってきて、『正義の怪人黄金バット、ウワハッハッハ』と異様な声を立てた」。

北杜夫は自伝的長篇小説『楡家の人びと』（六四年）で、この青山脳病院（小説では青山の楡病院）のまわりに広がっていた原っぱを次のように描いている。

青山の楡病院の「周りにいくつかの原っぱ、つまり空地が存在した」。「昔からの元ノ原はこれもいつしか半分の面積に縮小されていたが、家のたてこんできた昨今はなおさら意味のある空地であった」。そこは「ひとつの名所、近所の子供たちを集めるこの附近で一番広い原っぱになっていた。／その原は、訪れる人々の数によって、急に生気を帯びにぎにぎしくさざめいて見せたり、突然がらんと人気《ひとけ》もなくなっていやにひろびろと拡がって見せたりした。春から夏にかけて、その各々はごく見すぼらしいあまり名も知られぬ小さな植物、しかし一面に手でかきわけてゆくほどの群落となると馨《かぐわ》しい褥《しとね》ともなる雑草たちによって、芳醇に化粧された。お互いに菜を投げかけあって甘酸っぱい水気をひそませ、泡吹虫の唾にも似た巣を点在させて、蝗蚸《ばった》や蜻蛉を誘《ひ》きつけてくれる、ありふれていながら同時にかけがえのない珍《めずら》かな子供たちの宝庫。その草むらはやがて繁茂し尽して乾ききり、いつしか種類を変え、次第にうらぶれたものと変ってゆくうちに、タデとかカヤツリグサなどのその一つ一つの形態と色彩とがふしぎに鮮やかに目に映じてくる……」。

原っぱは、「形態と色彩」を異にする、多種多様な雑草に覆われ、昆虫がその陰にひそんでいたり、その上に跳び出したり、そこに飛来したりする。それは「ありふれていながら同時にかけがえのない珍かな子供たちの宝庫」なのだ。昆虫少年だった北杜夫らしい原っぱの捉え方である。『楡家の人びと』の作者は、原っぱに出没する大人たちの姿も、次のようにスケッチしている。

「この原には、子供たちのみならず、閑暇をもてあます大人の姿も出現した。その大多数は子供たちにまじって児童と同じ遊戯、凧あげとか草野球にかなり真剣に興じていた。別の者はまた自分なりの散策を試みた。（略）しかし原の片隅には、ずっと薄汚れた恰好の男も見られないことはなかった。それは捨てられている雑多な屑の中から空罐のたぐいを拾いだすバタ屋で、長い鉄製の手鋏で罐をつまんでは背の籠にほうり入れていた。少しかがみながら、追いたてられるように手早くせかせかと」

文芸評論家の奥野健男は麻布中学で北杜夫の一年先輩であり、二人は学内の理科同好会の博物班でよく顔を合わせていた。ちなみに、『江戸東京まちづくり物語』の著者の田村明は奥野の青山師範附属小学校時代の同級生である。この奥野は『文学における原風景』（七二年）で、原っぱを山の手育ちの自分の「原風景」であるとし、その原風景について、こう熱っぽく語る。「幼少年期の思い出として、吸いこまれるようなかなしさ、なつかしさで、ぼくの心を揺するのは

〝原っぱ〟である。〝原っぱ〟こそ、ぼくの〝原風景〟であり、ぼくの故郷の断片である」。「〝原っぱ〟への吸いこまれるような不思議な記憶」は「ぼくの中に今も息づいている」。

奥野健男はまた、原っぱが自分のみならず、山の手の子供たちが共有する「原風景」であるとして、以下のように書いている。

「こういう山の手の不安定な界隈でも子供は学校とは違う世界、〝原っぱ〟を持っていた。〝原っぱ〟は田畑が売地になったところや、屋敷のあとや昔から家や畑になっていない空地などを指すのだが、そこは学校の成績や家の貧富の差などにかかわりのない子供たちの別世界、自己形成空間であり、そこの支配者は腕力の強い、べいごまもめんこもうまい餓鬼大将であった。ぼくたち中流階級の子はおずおずその世界に入り、みそっかすとして辛うじて生存を許されていたようだった。しかしこの〝原っぱ〟こそ山の手の子供たちの故郷であり、〝原風景〟であった」

日影丈吉は「ふかい穴」で、人目から隠されている「秘密の場所」としての原っぱをミステリアスに描いた。奥野健男も、原っぱの底知れなさ、ミステリー性に注目して、以下のように書いている。原っぱは「誰が所有主かわからない打ち捨てられた場所」であり、「都会のすみっこに残された秘密のかくれ場」で、「非公認、非合法に子供たちが占拠した秘密の遊び場」である。原っぱに入りこんだ子供たちには、そこが「ほんとうは踏み込んではならない場所、遊んではならない場所という潜在的なおそれの意識があり、それを犯すところに遊びのスリルと秘密をさらにかきたてた」。原っぱには、「無限にぼくたちを吸引する魅力と、なぜかひとりでは入って行けないような拒絶するおそろしい力」とが併存していた。

奥野健男は、原っぱのこうしたミステリー性は、そこが、普段、人が立ち入ることを禁じた、かつての聖域、禁忌空間の跡地であったことに由来するのではないかと推定する。

「ぼくは〝原っぱ〟は、都市の中の単なる空地ではなく、昔からの禁忌空間、あるいは禁忌空間の跡ではなかったかと考える。祟りや不吉な言い伝えがあったり、土俗信仰の祠や碑があったりして、住民がたやすく手をつけることのできないタブー空間であったように思われる。その昔、神のよりますす祭祀の場であったり、祖霊の眠る墓地などの信仰上の聖域《サンクチユアリ》であったものが、ながい間にもとの意味が忘れられ、不吉な祟りの場所と言い伝えられて来た。それは小さな聚落の祖霊を祀った、一家氏神（ウチガミ）や祝神（イワイジン）や地主神などの土俗信仰が、次第に大きな聚落の氏神、鎮守社などに吸収され、すたれて行った跡、或いは前の住民が信仰していた祖霊神や地母神の跡、一時流行った講や座や呪術的信仰の名残りなどかも知れない。まだ庚申塚とか稲荷社とか馬頭観音とか、その土地の古くからの農民の地主たちの少人数によってほそぼそと祭られているものも含めて、昔から田畑にもならず、家も建つことのない場所であった。各地で天童とか、茂地とか、おそろし所とか呼ばれている立入禁止のタブー空間に似た性格を持っていた。そして何時の間にか、タブーも次第に忘れられ、打ち捨てられた〝原っぱ〟として子供の遊び場になってしまったのではないか」

『文学における原風景』の著者の、こうした、原っぱとは往昔の聖域、禁忌空間の跡地であるとする説は、例えば若月幸敏の「微地形と場所性」（八〇年）の次のようなくだりで、肯われ、継承されている。

「自然を切り開き、望ましき状態を保つには、一定のマナーが存在するのである。人が生活していくうえで自然を改変せざるをえない時には、このように奥深い自然を根だやしにせずに、その一部を生けどりにして生かしておくという方法がとられる。そして、生けどられた自然は注意深く人の手が加えられている必要はあるが、公園緑地の如く管理された自然ではない。いわば自然度の高い自然でなければならない。こうした自然はつい先頃まで我々の身のまわりにあった。東京の原風景としての原っぱについて奥野健男は次のように述べている。『原っぱの姿を思いうかべてみると、いろいろのことに気づく。没落して離散したり、断絶した武家や旧家の屋敷あとが原っぱになったものもある。社寺や墓地に隣接しているのもある。そして、原っぱの片隅には、小さな祠や石仏、石碑が大概あった。小さな鳥居のあるお稲荷さんなどの神社らしいものもあった。庚申青面《しょうめん》や帝釈天や道祖神など古い石碑や石像を一ヶ所に集めた祠が祀られていたり、お地蔵さんや馬頭観音などがひっそり佇んでいることもあった。ひとかたまりの古い墓があり、泉が湧き出ているハケと呼ばれる南向きの斜面もあった。そういうところには欅や銀杏などの由緒ありげな大木がうっそうと茂っていた。富士講の元富士・新富士と呼ばれた築き山のある原っぱや、大塚山と呼ばれる崩れかかった古墳の原っぱもあった。』草茫々の原っぱはたとえ樹木が茂らなくとも自然度の高い空間であり、そこには土地霊の認められた場所であった。そして原っぱは都市のなかで開発が遅れた単なる空地ではなく、神聖なる禁忌空間であり、祟りや不吉な言い伝えがあったり、土俗信仰の祠や碑があったりして人々がたやすく手をつけることのできないタブー空間であった」

必要に迫られて自然を開発し改変する際に、わざわざ残しておいた所、土地霊がこもる場所、うかつに立ち入ると禍があるというので誰も近寄らなかった土地、そうした聖域、禁忌空間の跡が原っぱだというのである。

奥野健男の『文学における原風景』の中の原っぱについての記述は、同書刊行後、多くの読者、とくに同世代で東京山の手で育った者たちに、少年期に遊んだ原っぱに関する記憶を甦らせた。例えば、川添登は『東京の原風景』で、こう述べている。「奥野健男氏の『文学における原風景』は、戦前、東京の山の手で育った私たちの世代に強い共感を与えるものであった。（略）とくに子どものころ、遊んだ原っぱに〝原風景〟を見いだしていることにまったく同感であった」。先に引用した川添登の、小学生時代に遊んだ原っぱについての文章は、そうした共感からおのずと生まれ出たものだろう。

建築家で五反田で生まれた槇文彦も『文学における原風景』に共感して戦前の東京山の手の原っぱの思い出の記に手を染めた者の一人だろう。彼は仙田満編著の『こどもと住まい』のなかで、子供時代の原っぱや空き地について次のように語っている。「まだ山の手もそれほど密集していなくて、家の建っていない土地があまっていて、原っぱと称していた所がいたる所にありました。みんな、のんびりしているから塀などで囲まない。あそび場として提供してくれている。そういう所だったわけです。まあ、鉄条網みたいなものもないことはなかったですけど、そこはくぐって行けばよかった」。「もうひとつのタイプの空き地は崖の傾斜面でした」。「使わない空き地や、特に山の手は起伏が多いので、なんらかの形であまった場所が多く、それが格好のあそび場を提供していました」。

槇文彦はまた、『記憶の形象』で、戦前の東京には「広場でなく原っぱ」という「すきま」があちこちに残されていて、「少なくとも昭和一〇年頃まで、たんなる空地というよりも、こうしたゾーンと呼べるような地域が環状線〈山手線〉内外のそこここにみられ、昆虫を探し求める子供たちに対してある種のロマンをかきたてることにこと欠かなかった」と回想している。「子供たちにとって今と比べると、家の附近の遊び場には事欠かなかったし、時として自転車などで遠出をすると絶えず秘密めいた場所の発見があり、一人ひとりに奥野健男氏のいう〈原風景〉の形成があったといえるだろう」とも述べている。

『記憶の形象』の著者はさらに、当時の東京には、原っぱと同じような、子供の想像力を刺激し、探検の意欲をかき立てる隙間、「秘密の場所」が随所に見出されたと回顧し、次のように述べている。

「私にとって子供の時から、都市は内なる異郷としてのひろがりをもった存在であった。小都市と異なって、あるいは現在の東京と異なって、旧い昭和の初めの東京には陰影をもった空間のひろがりが至るところに存在していた」。「ごく身近なところにわれわれ子供心にも冒険心を誘う場所に事欠かなかった」。「東京とは私にとって集落と異なって、ひろがりを無限にもった情景の重なりであり、その見えない先に一つの辺境すら想像できるのであった。つまりそれはフィジカルという以上に想像の世界が重ねられ、新しいひろがりを常に提供してくれる世界であった」。

昭和初年代の東京では、子供たちは「異郷」、「辺境」の幻を覗かせる隙間に、原っぱその他で出会うことができたというのである。昭和十一年に「少年倶楽部」で連載が開始された江戸川乱歩の「少年探偵団」シリーズは、思えば、そうした戦前東京に散らばっていたミステリーゾーンに触れた少年小説だったのかもしれない。

奥野健男は、昭和初年の山の手の子供の原風景が原っぱであるとすれば、下町の子供の原風景は路地だろうと言っている。すなわち、「東京の下町の子供にも〝原っぱ〟と同じような街の〝隅っこ〟があったに違いない。おそらくそれは山の手にも点在した古くからの町家によくみかける路地、その中でも袋小路が子供たちの遊びの空間であったと思われる。共同のかたちばかりの門や木戸のある露地や露地裏の共同水道のあたり、小さな稲荷や秋葉様などが祀ってある祠の前、そして迷路のように奥まった行きどまりの袋小路、それは〝原っぱ〟より狭いだけに、より街の〝隅っこ〟であり、仲間たちにとって安全な秘密の洞窟という感覚が強かったかも知れぬ」。

たしかに下町には路地が多く、下町の子供たちは路地や横丁を自分たちの遊び場にしていた。しかし、下町には原っぱもあって、下町の子供たちはそこでも遊んだ。昭和初年に尾久《おぐ》で少年時代を送った加太こうじは『下町で遊んだ頃』（七九年）で、昭和初年の下町の原っぱについて、こう書いている。

「その頃は、都会でも子どもの遊び場に適した空き地や野原があった。そうしたところを原っぱと呼んでいた。大正のはじめまで、東京の秋葉原の駅付近は秋葉《あきは》っ原《ぱら》という名前で親しまれていた子どもの遊び場だった。

今のように所有者が柵を作って、これみよがしに土地所有権をひけらかすようなことは、めったになかったから、たいがいの空き地は子どもの遊び場だった。大人の考えている基準で、街中を管理してしまうようなことはなかったのである」

当時の下町では、山の手以上に子供は外で遊ぶことが多かった。「なにしろ、家で勉強をしていると職人の父親などは、『学校でなまけているから家へ帰ってまで勉強するんだろう。子どもは外で遊ぶもんだ』としかるほどで、教育ママなどは山の手の中流以上の家でなければいなかった」。「親の職業は工員か職人、あるいは小商人《あきんど》で、子どもたちは家にいると叱られる。『一銭やるから表へいって遊んでおいで。夕方まで帰ってくるんじゃあないよ』とか、『家へ帰ってから勉強するんじゃあねえぞ。勉強なんてものは学校でするもんだ。外で遊べ』という親が少なかった」。家で仕事をしている職人や商人の父はそのように言って、子供を外に出した。子供は集団をつくって路地や原っぱで、チャンバラごっこなどして遊んだ。

おもちゃはみな自分たちで作った。「昔は、玩具を買ってもらえる子どもは少なかった。買ってもらえたとしても、たいがいの子は一つか二つ、それも安物が多かった。なまじ、チャンバラごっこに、玩具の刀を持っていくと、『なんだ、自分で作れないのか』と、手製の大きく格好のわるい木刀などを持っている餓鬼大将は馬鹿にした。たとえ、どんな格好がわるくても、自分で作ったというところに自分と玩具とのつながりを自覚して、それを自まんしたのである。子どもにとっては、所有すること以上に関心があったのは、次つぎに物が作りだされていくことであった。作りだす能力はうまく作れない子どもたちの尊敬と羨望の的になっていた」。

昭和初年の下町の子供たちは、このように手製のおもちゃを使って、日が暮れるまで路地や原っぱで遊んだ。

戦後の「黄金の荒野」で

昭和二十年三月十日の東京大空襲で東京の下町は焼き尽くされた。その後、山の手もアメリカ軍の空襲を受けて、かなりの地域が焼かれた。そのため、八月十五日の終戦までに、東京は関東大震災後と同じく焼け跡だらけとなった。

昭和二年生まれの小沢信男は、戦中は勤労動員先の山の手の工場で働いていた。三月十日の東京大空襲の日には、午後三時に終業のベルが鳴ると、友人たちと一緒に罹災地に見物に出かけた。小沢信男は下町育ちなので、自分の故郷の下町がどうなっているのかを見に出かけたのである。

「神田駅のホームに降りたつやいなや、ぼくらはおもわず嘆声を発した。ヤモン〔友人の一人〕は両手をひろげて叫んだ。『地平線が見えらあ！』ホームのへりにたったぼくらの足もとから、遠く荒川の方角へ、目路のとどくかぎり一面の焼野原で、まるで地球の裏側までこの焼跡はうちつづいているようだった」

「ぼくら」は「神田駅の改札口を出た。そうして、大地にべったりと吸いついてのび縮みしている大東京の焼跡へ、いっそ浮かれるような足どりで歩み入った」。「見わたすと、焼跡の町はふしぎなほど静かだった」。「長いあいだ人間どものためにむりやりねじまげられていたこの土地が、いまや急激に武蔵野の元の姿に戻りつつあるのではなかろうか。とするならば、日本の本来の姿に戻るわけだから、むしろ慶賀すべきことでもあるわけだと、ぼくはムリに思いこもうとした。そして半分まではそう思いかけたが、ひょろひょろと立つ焼け煙突を背景に、藁屋根の家が散在する風景を想像すると、やはりきりきりもなくわびしかった」(「徽章と靴」五八年)。

それから約半年後の八月十五日、日本は終戦を迎えた。東京は焼け跡だらけで、真夏の強烈な光のもと、焼け跡には瓦礫が転がり、ところどころに雑草が生い茂っていた。そして、それから一年後の東京。田村隆一は「草原のなかの東京」で、そのころの東京をこう描いている。

「昭和二十一年の夏は、ぼくは草原のなかにいた。東京という名の草原である。ところどころに六畳一間くらいのベニヤづくりの住宅が建ちはじめていたが、焼け跡の灰を肥料とした雑草がすごい生殖力を発揮して、東京の周辺部を草原にしてしまったのだ」

終戦後一年目の夏、東京は広大な草原と化した。田村には、もはや「未来も過去も」存在しなかった。彼はただひたすら現在を、「東京という草原の夏を愉しむよりほかになかった」。この草原のなかで、生き残った人たちはバラックを建て、布団を干し、炊事をし、畑をつくって野菜を育てた。彼らの間には、一面の焼け跡の上に現われたこの原っぱを共有する意識が生まれた。

小沢信男も「八月の東京」(六七年)で、この戦後の東京の人たちの共有意識に言及して、こう述べている。「あのころ僕らの観念のなかでは、いや感覚的にすら、東京という土地は僕らみんなの共有物だったのだと思う。／これが言うならば僕の中の『焼跡感覚』というやつだ」。「八月の東京」の筆者は、さらに終戦時から復興後の昭和二十年代末までの時期を思い返して、こう書いている。

「この『焼跡感覚』は、焼跡そのものより、はるかにもちがよかった。焼跡にびっしり家が建ち、地主たちは追われるどころかもどってきて、東京都は都市計画どころか堀割りを埋めて売り立て、どうやら復興した東京の街々。それが僕らにはニセモノめいた仮りの姿にしか見えなかったから。暑い夏の東京は、やはり土くれがむんむんしてバラックのベニヤ板がそっくり返る、あの焼跡のひろがりこそ本来原初の姿なのだ。そんな気持で戦後十年はすごしたと思う」

関東大震災後の焼け跡と同じく、東京大空襲後の焼け跡も、子供たちの遊び場となった。昭和二十年代は、子供たちにとって、飢えや貧乏にもかかわらず、最も解放感に満ちた時期であった。彼らは受験勉強の重荷から逃れられて、焼け跡の原っぱで夕暮れまで夢中で遊びに興じた。この戦後東京の原っぱで遊んだ思い出は、当時、小学生だった、昭和十年代から二十年代前半に生まれた世代の者たちによって語られている。

見田宗介《むねすけ》は昭和十二年生まれで、終戦時は小学校二年生である。「焼け跡世代」を自称する彼は終戦直後のことを、こう回顧している。「晴天がつづいて、子どもだから生活に責任がないからだろうけれども、何もなくなった焼け跡は風が吹き抜けて、新鮮だった」。彼は戦後は吉祥寺の小学校に通っていた。「学校では、宿題を忘れ、よく廊下や教室の後ろに立たされていた。宿題をほとんどやったことがない。家に帰ると忘れてしまう。武蔵野市はまだ空き地がいっぱいあって、バッタとかセミとりに夢中になった」(『私の少年・少女時代』)。

昭和十七年に大井町で生まれた奥成達は『昭和こども図鑑』で、昭和二十年代の町の原っぱでの遊びの思い出をこう書いている。

「町の原っぱはどこも外にグルリと鉄条網が張られ、隅に立て札が立っている。空襲をうけたままのがれきの原っぱには、その家の移転先が書いてあったりする。/土管や建築資材が積みあげられた原っぱは、どこかの工場の資材置場だったのだろう。鉄条網をかいくぐり、こどもたちは、そこで草野球をし、チャンバラごっこや忍者ごっこをし、戦争ごっこをした。冬になると凧あげである。/夏休みになると、原っぱは昆虫採集の宝庫であった」

昭和二十年代の東京の子供たちには、身辺に遊び場が無尽蔵にあった。品田穣の『都市の自然史』は、「思い出の遊び場についてのアンケート」に寄せられた回答のうちの一つを、こう紹介している。

「戦後二十一年から三十年頃まで、板橋区富士見町で少年時代をすごされた関正男さんによると、『どこへ行っても空地があり無制限に使えた』し、遊びの種類も『近所ではカクレンボ、鬼ゴッコ、かんけり、探偵ゴッコ、ベーゴマ、ビー玉、クギサシ、飛び馬、きょりとび、タケ馬、凧上げ、模型ヒコーキ、メンコ、陣とり遊び、野球、と空地を思う存分に走り廻る遊びが主だった。若干遠方〔の〕石神井川沿岸では『魚とり、がけのぼり、スズメとり、ヘビとり、アメリカザリガニ、カエルとり、野草とり』などであったという」

昭和二十年代には、東京の都心部にも原っぱはたくさんあって、そこで子供たちが遊ぶ姿が見られた。当時のその子供たちの一人であった、昭和二十年生まれの松山巖は『まぼろしのインテリア』で、その都心部の原っぱでの遊びの思い出を次のように書いている。

「私の目の前には一面、背の高さもある雑草が茂っていた。雑草の向うにくすんだ焦茶色の古ぼけた建物が見える。焼け残った大蔵省か、文部省のビルだろう。夏から秋に入るというのにまだ日射しは強く、ジリジリと肌を焼く。雑草が体にまとわりついて青臭く、足元の泥はぬかるんで、ズック靴の中で裸足がグズグズする。草の端に一匹のバッタがとまっている。手を差し出すと虫は斜めに飛んだ。私はそいつを捕らえようと追いかけて駆け出す。すると、草むらがそのまま飛んだように数十匹のバッタの群れが一斉に空に舞う。高く晴れあがった空が見える。バッタの群れを追い、泥を撥ねあげ全身をぬかるませ私も虫となって駆け出していた。日比谷から霞が関、大蔵山、芝公園、どこも草が茂り、私は虫を追いかけ虫となって駆け、はいずり、飛び、呼吸していた。私は一匹の糞虫だった。日暮れて急に降りだした雷雨が全身の泥を洗い落とした。私は五歳か六歳であった」

昭和十九年に雑司ヶ谷で生まれた大竹誠は、『街の忘れがたみ』で、昭和二十年代のみならず、昭和三十年代半ばまで、東京の町には原っぱが残って、そこで自分を含めて子供たちが遊んでいたと言っている。

「昭和三十年代中頃までは、街の中に原っぱがいっぱいあった。まだ戦後の風景が残っていたことになる。それら『原っぱ』は、戦争の空襲で焼けてしまった住宅や町工場の跡地だった。家の近くにもそのような原っぱがあった。（略）あたり一面草ぼうぼうの世界であった。足元には、オオバコ、ネコジャラシ、タンポポが、目の高さのところにはセイタカアワダチソウやススキが生えていた。その他にも、その土地に植えられていたイチジクとか柿の木、シュロなどもあった。焼け出された後だからだろうか、建物の基礎の残骸やタイルの床、土間に残された敷居レールなどが露出していた。石ころやガラス、タイルやレンガのかけらもかなりあった。それらを宝と見立て宝探しをしたこともあった。古い残骸に草や筵《むしろ》をかぶせて基地を造り、戦争ごっこをやったりもした。チャンバラや西部劇ごっこもよくやった。そんな遊びの道具はその原っぱの中からいつでも調達できた。そんなことから、飛んできた石が体に当たったり、枝で目を突いたり、裸足でガラスを踏んだりとケガをすることがあたりまえだった」

昭和三十年に来日したオーストリア人、バーナード・ルドフスキーは『キモノ・マインド』（六五年）で、当時の東京の情景を次のように描いている。

「京都が爆撃の恐怖から免れたのに反し、東京はほとんど全滅の憂き目に遭った。ただちに応急措置がとられ、復興したが、いまだに数年にわたる空襲時の傷跡が残っている――誰も住まない、広大な土地、ごみ捨て場、寺院の荒れ果てた境内、見捨てられた墓地などである。（略）日中に〔訪ね先の〕住所を探し当てるのが困難なら、まして暗闇の中では、さらに絶望的である。日が沈むと、日本の町は類型に戻り、封建時代の村に変わる。盛り場や飲食街を除けば、暗闇が町の基調となる。日本では街灯というものの伝統がさほどないから、大半の街路は暗く、捨て置かれている」

昭和三十年ごろの東京には、まだ焼け跡も残っていて、空き地がたくさんあった。また水銀灯などはない時代だったので、夜は真っ暗だった。だから、原っぱで遊ぶ子供たちにとって日暮れ時は恐ろしい夜がやって来る直前の時間で、真っ赤な夕焼けは「日のくれていくさびしさの心にしみる景色」（古谷綱武）だった。

昭和三十年まで、このように子供たちが原っぱで遊んでいられたのは、そのころまでは大人たちも、彼らの住む家も、土を目の敵にすることなく、土とつながって生きていたからだ。昭和二十三年に板橋区で生まれた大岩剛一は『ロスト・シティ・Ｔｏｋｙｏ』で、その辺の事情について、こう述べている。

「子どもの頃、街の中にはまだたくさんの空き地があった。人々はそこを、まるで自分の家の一部のようにみなしていたものだ。隣の空き地の片隅に洗濯物を干し、盆栽を置いたりダリヤ、カンナ、ヒマワリなどを植えたりした。冬には焚火をし、夏はたらいを出して行水する人までいた。

土地の狭い家にとって、空き地は格好の〝庭〟であり〝サービスヤード〟であった。それがそこにあることを、誰ひとり疑うことなく享受していた。家のたたずまいには正面もなければ側面もない、いつも空き地と混じりあっていた」

「街の中にも土とコンクリートの入り混じる、どうにもとりとめのない風景をいたるところに見出すことができた。道行く先々には崖や斜面、広い空き地などがあって、街の輪郭をいっそう不確かなものにしていた。そしてそのような場所にはなぜか必ずカンナがあり、境界の不明瞭な家々の庭先には必ずダリアがあったのである」

一九六〇年代・原っぱの受難

　前章では、終戦直後から昭和三十年代半ばまでの東京の原っぱでの子供の遊びの内実を見てきた。しかし、一九六〇年代（昭和三十五～四十四年）に入ると、この原っぱでの子供の遊びは急速に消滅へと向かう。とりわけ東京オリンピック開催の準備に都当局が本格的に着手する六三年から、東京は大変貌を遂げ、都内の原っぱも次々とつぶされていく。オーストラリア人のG・マコーマックは『空虚な楽園』で、その大変貌のさまを次のように回想している。

「一九六二年に初めて日本に来た。当時、日本が経済大国だとか成功のモデルだとか考える人はほとんどいなかった。駒場留学生会館のまわりの田んぼでは、はだしの子供たちが竹の虫籠を持って蝶や蜻蛉を追いかけ、蟬や蛙の声がすさまじかった。時には富士山が西の空にくっきり見えた。

　その年の夏、留学生の団体旅行で訪れた場所は、絹織物、陶器、人工真珠の工場と漁村の海産物加工所、神社、寺、博物館や観光名所などだった。トヨタやソニーの見学などは頭にのぼりもしなかった。

一九六三年から東京のオリンピックの準備が始まった。東京のいたるところに、立ち小便するな、などの看板が現われた。東京の街は再開発建築ラッシュとなり、新幹線と高速道路ができた。『高度成長』の奇跡が開始されたのである」

一九六三年に東京オリンピック開催準備の突貫工事によって、東京では高速道路が建設され、高層ビルが次々と建てられていき、地価が異常な値上がりをしていった。こうした異様な火事場騒ぎのなか、都内から空き地、原っぱがひっそりと消えていった。

一九五〇年代、昭和三十年代前半に小学生であった「団塊の世代」は子供時代に原っぱ、空き地で夢中になって遊ぶことのできた最後の世代である。以下は、この世代に属する、昭和二十二年生まれで東京近郊で育った男性の、この時代の遊びに関する思い出話である（八巻香織ほか編の『みんな子どもだった』に収録）。

少年時代には、まわりには「いつもウジャウジャ子どもがいて、何かしら遊んでいた。家の中なんかで遊ぶことはなかった」。よくやった遊びでは水雷艦長をとくに覚えているが、これはまさに「子どもがウジャウジャいないと遊べない遊び」だった。「ダンプがうなり、建築資材がどんどん運ばれて、積み上げられていく団地の建設予定地は、ホントに最高の遊び場だった」。「今だったら『危険』『立ち入り禁止』と看板が立ってフェンスで囲っちゃうところだけど、当時はまったくの自由な居場所だったんだ。ザリガニを釣る代わりに、釘を拾ったり、ボルトを見つけたり、そこはもう宝の山だった」。土木工事、建設工事が終わって、２ＤＫの団地が完成すると、「また新しい建設現場を求めた」。別の「建設現場を探すのには困らなかった」。

当時は「団地の建設予定地」は「『危険』『立ち入り禁止』と看板が立ってフェンスで囲っちゃう」ということがなかったので、子供たちにとっては「最高の遊び場」、「まったくの自由な居場所」であり、「宝の山」だったのだ。しかし、郊外のあちこちに団地が出来上がる一九六〇年代に入ると、そうした子供たちの「最高の遊び場」である空き地はなくなっていき、家の外に「いつもウジャウジャ子どもがいて、何かしら遊んでい」るなどということも見られなくなっていく。

原っぱは一九六〇年代に、その土地が厳重に囲いこまれたり、そこに住宅、ビルが建ったり、駐車場と化したりして、次々と姿を消していった。

かつては原っぱで事故が起こっても、その土地の所有者は事故の責任を問われなかった。ところが、一九五五年（昭和三十年）ごろから、放置された空き地での事故の責任は土地の所有者に帰せられるとの声が上がりだした。そこで、土地の所有者は自分の土地で事故が起こったときに責任を押しつけられるのを恐れて、自分の所有地の原っぱに柵をめぐらすようになった。六〇年代に入ると、建設予定地でない原っぱも、その多くが立ち入り禁止となった。

原っぱのまわりに柵がめぐらされ、原っぱが立ち入り禁止になると、子供たちは遊び場を奪われ、困惑した。一九六〇年に「毎日小学生新聞」に載った、板橋区の小学一年生による投稿文の次のようなくだりには、その困惑ぶりが如実に表わされている。

「ぼくのうちのきんじょは、あそびばないので、たいへんこまります」。「ぼくはいつも、あそびばをつくってもらうことをかんがえています。ちかくにはらっぱがあるけれど『はいってはいけません』とかいてあります。『そこが、あそびばならいいな』と、ぼくはいつもおもいます」。

こうして一九六〇年代に原っぱが次々とつぶされたり、立ち入り禁止になっていくと、子供たちはわずかに残った、立ち入りを許された原っぱにひしめき合って遊ぶことを余儀なくされる。品田穣は『都市の自然史』で、六九年ごろに小学一年生の自分の子供と一緒に近所に出かけた際に目にした、そうした密集状況を次のように描いている。「宅地造成されたまま草が生えていた空地がところどころにあって、子供の恰好の遊び場になっていた」。「それでも少しのびのびと飛びまわれる空地はもう乏しく、そこはいつも野球をやる年上の子供たちに占拠されていた。やむをえず家の狭い庭でキャッチボールやバッティング練習をしていたが、すぐボールが隣の家に飛び込んでしまう。そのたびに『すいません。ボールをとらせてください』とあやまりに行くのがいやらしく、『もっと広い所へ行こうよ』『思いきり遊んでみたいよ』と、心当りの空地へ行くがまた満員……。二、三カ所をまわってあきらめて帰ってきたものだった。／何かその様子は水槽の中のメダカのように縄張りがきまっていて、良い所は年上の子に占拠され小さい子が遊ぶ所もなく隅っこで我慢しているように思われ、哀れだった」。

一九六〇年代に見られた、近所にかろうじて残っている原っぱに子供たちが押しかける情景は、『わが世代・昭和二十六年生まれ』に収められている、昭和二十六年生まれの者の「ひろっぱ」

と題された回想文に、次のように描き出されている。

地域の子供たちは遊びに行くといえば、児童公園にはめったに足を向けず、松の木が一本立っているので「一本松」と呼ばれる原っぱに出かけた。「野球をするのも、模型飛行機を飛ばすのも、決まって一本松だった」。「松の木は、その崖の真上に立っていたが、その木の根元は、子供たちのためにすっかり傷めつけられ、根っ子が露わにむき出しになっていた。というのも、その崖はわたしたちとは別の一群の近所の子供たちが、こわれた乳母車で滑り下りるやら自転車の曲乗りをするやらといった荒っぽい遊びのための絶好の遊び場になっていたからだ。傷めつけられたのは根ばかりではない。幹には子供たちが打ちつけられた木切れがぶら下がり、ところどころの表皮はナイフでめくり取られていた。さして太くもない枝には、いつもターザンごっこのロープがたれ下がっているというありさまだった」。「思えば、この松の木は、都市に残されたほとんど唯一の子供の遊び相手だったために、一身に子供の暴力をひきうけていたのだ」。「もし、この『一本松』がなくなったら、子どもの暴力（エネルギー）はいったいどこに向かうのでしょう」。

かつては原っぱが「子どもの暴力（エネルギー）」を全身で引き受けて吸収していたことが、この狭く、子供たちのひしめき合う原っぱに立つ、傷だらけの松の木の姿で明らかとなる。原っぱがなくなったあとの、「子どもの暴力（エネルギー）」のぶつけ先については、とりあえず、子供たち自身、あるいはいじめられっ子とだけいっておこう。

このように一九六〇年代には、わずかに残された原っぱに子供たちがひしめき合うようになった。しかし、一方で子供たちは、たとえ近所の原っぱが健在であっても、そこで遊ばなくなった。宮本常一は「子ども遊びの行方」（六八年）でそのことを取り上げて、次のように書いている。「私は昭和三六年（六一年）に現在のところに住んだ。当時周囲は畑や空地であった。裏の空地へは毎日子供があつまって遊んでいた。そこでのあそびの半分は児童遊戯集に出てくるような〔伝承的な〕あそびであった。ところがいま周囲の空地で子供たちのあそびをほとんど見かけなくなった。空地はまだのこされているのである」。「そこにはまだ遊び場はのこされている。しかし子供の数がずっと減った。家の周囲に群をなしてあそべるほどの子供はいなくなりつつある。仲のよい友とあそぼうとすればかなり遠くまでゆかねばならぬ。それが手軽なあそびを消してゆきつつある」。

空き地、遊び場はまだ残されているのに、そこで「子供たちのあそびをほとんど見かけなくなった」。この近辺の子供たちは一体どこへ隠れてしまったのだろう。自分の家でテレビを見たり、宿題や受験勉強をして、外遊びの意欲を失っていたのである。

このように一九六〇年代には原っぱは宅地、駐車場と化したり、周囲を柵がめぐらされたり、わずかに残った場所に子供たちがひしめき合ったり、外遊びをしなくなった子供たちが訪れなくなって無人化したりした。しかし、戦後の少年期に原っぱで思う存分遊びながら、六〇年代には長じて原っぱ離れしていった世代の者たちは、この原っぱの受難に気づかなかった。彼らは高度成長の上げ潮に流され、東京に新しく出現しつつある風景に魅せられていたので、原っぱのことなど忘れ去っていたのである。『ロスト・シティ・Ｔｏｋｙｏ』の著者も、そういう者たちの一人である。彼は、まず昭和三十年代前半ごろに、そこで草野球の仲間に加わって遊んだ原っぱの思い出を次のように語る。

「草ぼうぼうの原っぱがあった。

そこは駅のすぐ裏手の崖下で、子どもの頃にそれこそ日の暮れるのも忘れて野球にうち興じた空き地である。崖の上の小さな商店、けばけばしい看板、バラックのような民家の群れが、まるで球場の外野スタンドのフェンスのように雑草だらけの原っぱを縁取っていた。

ぼくたちは正確に塁間距離を目測し、雑草の間に即席のベースをつくった。原っぱのほぼまん中にあった高圧線の走る鉄塔の脚もとが、いつも二塁ベースに選ばれた。無数のファールボールを飲み込んだ道端のドブ。割れた民家の窓ガラス。そして、駅の窓からいつものぞいていた招かれざる観客たちの視線。

そこは大きな青天井の下の、草いきれがむせるように立ちこめる、いびつなかたちをした小さなスタジアムだった。低く長い弧を描いて飛ぶキチキチバッタ。数えきれないほどのボールを飲みこんだまま、まるで溶けるように夏の夕闇に消えていったイラクサの茂み。原っぱにはいつも、どこかとてつもない自由と濃密な時間の流れがあった」

だが、大岩剛一は十代半ばに当たる東京オリンピック前夜のころには、この「とてつもない自由と濃密な時間の流れ」からはるかに遠ざかってしまっていた。

「東京はオリンピックを間近に控え、未曾有の建設ラッシュの中にあった。ぼくは次々と全貌を現してくる〝新しい風景〟に眼を奪われ、ひとつひとつ消えてゆく近所の空き地のことなどおよそ眼中になかった。〝原っぱ〟はいつの間にか、ぼくの中ですっかり色褪せていたのである。そしてある日ふと気がついてみると、あの原っぱは味気ない駐車場にかわっていた。いつも道路にはみ出していたイラクサは影も形もなく、二塁ベースに利用していた鉄塔だけが、あの日と同じようにでんとまん中に立っていた。感傷的な気持など、これっぽっちも起きなかった」

大岩剛一は、いわゆる「団塊の世代」に属している。この「団塊の世代」は、原っぱの「とてつもない自由と濃密な時間の流れ」と、その喪失について具体的に語れる最後の世代ではなかろうか。この世代の者たちが小学校を卒業して原っぱから離れるのは昭和三十五年前後のころである。

一九六三年ごろの突貫工事で原っぱがつぶされる以前に、昭和三十五年（六〇年）ごろには、原っぱで子供たちが遊ばなくなっていたのである。

昭和三十年代には、子供たちは進学ブーム、受験戦争に巻きこまれて、小学校高学年の者は新しく勉強部屋を与えられ、下校後はそこに直行を余儀なくされて、原っぱから足が遠のいてしまう。原っぱで遊ぶ子供は小学校低学年から中学年までと、中学年から高学年までとで、遊びの内容が異なる。前者の遊びは隠れんぼ、鬼ごっこ、メンコ、ビー玉、石蹴りなどであり、後者はチャンバラ、ベーゴマ、馬跳び、水雷艦長などである。「小学校三年生から四年生にかけて遊びが切り替る時期だった。夢中になっていたメンコやビー玉はそろそろ飽きが来て、上級生が遊んでいるベーゴマの方へ興味が移ってくる」（高橋義夫「ハリケンPちゃん」）。以上が昭和二十年代の子供たちの遊びのパターンである。ところが、昭和三十年代に入ると、このパターンが崩れてくる。小学校高学年の上級生が勉強部屋に押しこめられ、遊びを指導する先輩、ガキ大将が原っぱからいなくなってしまう。そこで小学校低学年の子供たちは世話を焼いてくれる上級生を失って途方に暮れる。みそっかすばかりでは埒が明かない。こうして、おそらく有史以来続いてきただろう、原っぱでの子供の遊び仲間の集団は解体し、崩れ去った。以来、今日までその集団は回復されていない。

四方田犬彦は「シャアウッドはどこへ行ったか」（八六年）で、こうした一九六〇年代に起こった原っぱの消滅という事態が当時の少年マンガに描き出されている、と指摘している。一九五〇年代の少年マンガには、子供たちが戸外の土の地面の上で、メンコをしたり、チャンバラごっこをしたりして遊んでいる姿がたくさん出てくる。マンガのなかの原っぱには、鉄条網も、ドラム管も、土管も、水たまりも登場する。

四方田犬彦はつげ義春のマンガ『愛の調べ』（五五年）の一場面（図1）を取り上げて、昭和三十年ごろは東京にまだ存在していて、子供の心にも名残をとどめている焼け跡の原っぱについて、

図1　つげ義春『愛の調べ』（文化の森 1992）

こう書く。

「母をなくした雪子が、父を訪ねて田舎から上京したものの、スリの子供に風呂敷を引ったくられ、しょんぼりしている場面です。『きっとここいらは空襲でやられてしまったんだわ』という科白がちょっと前に出てきますが、このコマをよく見て下さい。曲がって剝き出しになった水道の蛇口や、燃え残った材木、崩れたコンクリが描かれています。左手前にはトタン屋根のバラックがあり、実はスリの子供が寝たきりのお母さんといっしょに住んでいることが、次のコマで判明します。直接焼け跡を深く体験していないかぎり描けない光景です。もちろん、読者であった貸本屋に集う子供たちも、物心ついたころから同じ光景を共有していたはずでした。

　原っぱの起源にはいろいろあると思いますが、ひとつには空襲による家屋の消失が大きな原因でした。復旧作業がなされない間、燃え崩れた家の跡はがらんととり残され、スリや浮浪児を含めて、子供たちのアナーキーな欲動が跳

図２　手塚治虫『鉄腕アトム』（講談社 1979）©手塚プロダクション

梁する小天地となったわけです」

四方田犬彦はまた、手塚治虫の『鉄腕アトム』の一場面（図２）を掲げて、そこに出てくる鉄条網について、こう語る。「昔はいたるところに鉄条網がありました。原っぱにも、個人の農地にも、およそ境界という境界にびっしりと廻らしてあって、東京の子供たちは命をかけて鉄条網を潜り、原っぱに入りこんだものです。はい、かくいうレポーターの僕もあの憎ったらしい棘が右手首に刺さったことがあって、今でも傷跡が残ってます」。空き地を囲う鉄条網といえば、「明治大正期の〝閑地〟で」の章で見たように、永井荷風の『日和下駄』にも記しとどめられている。しかし、昭和二十年代に頻繁に日にした鉄条網は高度成長期には姿を消して、コンクリート壁など

図3　益子かつみ『快球Xあらわる!!』
（ペップ出版 1989）

に取って代わられる。

四方田犬彦は益子かつみの『快球Xあらわる!!』（五九年）のなかの、主人公の気の弱いボン太郎が深夜の人けのない原っぱで「ボールのおばけ」のような宇宙人Xと出会う場面（図3）を取り上げて、こう註している。「原っぱは子供にとって〈秘密めかした、心地よいところ〉に他ならない。それは、少年が超自然的な夢想をかなえてくれる存在にめぐりあうことのできる特権的な空間でした」。

このように一九五〇年代に少年マンガで子供たちの遊び場として頻出していた原っぱは、六〇年代に入ると消え失せてしまう。藤子不二雄は『オバケのQ太郎』の連載第一回目（六四年）で、お化けのQ太郎と気の弱い少年・正太がめぐり合う場所を林の中の原っぱに設定している（図4）。正太をはじめ、子供たちはそこで忍者の扮装をしてチャンバラごっこに夢中になっている。正太が遊び仲間にチャンバラで負けそうになると、正太の友達となったオバケのQ太郎がひそかに正太に加勢して、正太をチャンバラで勝たしてあげる。そういう筋立てである。四方田犬彦はこの連載第一回目に触れて、こう述べている。「一九六四年、つまり東京オリンピックの年に連

図４　藤子不二雄『オバケのＱ太郎』（小学館 1981）

載が開始された『オバケのＱ太郎』が、森を最初の舞台としていること。正太をはじめ、子供たちが戸外でチャンバラごっこに夢中になっていること。これが重要。だって、もう今じゃこういう設定でギャグマンガを始めることは不可能でしょ。（略）たぶん六〇年代中頃というのが、ある意味で限界だったかもしれない」。

というのは、東京オリンピック前後にこういうことが起こったからだ。「原っぱにとって、オリンピックはもとより日本の高度成長は大敵でした。地価の高騰は無駄な土地を許さず、子供の遊び場は次々と消滅し、かわって川や運河を埋めたててできる細長い公園ばかりが増えました。それは空間の目に見えぬ管理の強化です」。

東京オリンピック開催のための突貫工事が

図5　赤塚不二夫『おそ松くん』（曙出版 1968）

東京の原っぱを次々とつぶしていった。四方田犬彦は、この原っぱつぶしに抗議し、抵抗した少年マンガとして、赤塚不二夫が六三年ごろに『おそ松くん』シリーズの一篇として発表した「モモからうまれたチビ太郎」（図5）に注目する。それは次のような内容のマンガである。

「一応、桃太郎に従った話ですが、ある日、チビ太がいつものように村の子供たちと原っぱで遊ぼうとすると、ローラーを引いたオニが二匹すでに来ていて、ここはオニンピックの予定地にするからただちに立ち退けと宣言します。抵抗したチビ太は後の三里塚の農民のように断固として坐りこみを始めるのですが、ローラーに轢かれてお煎餅のようにぺしゃんこにされてしまいます。原っぱには立入禁止の札が立ち、びっしりと鉄条網が張り廻らされます。そこで怒ったチビ太は、桃太郎よろしくオニが島へ退治に行くというわけです」

もっとも、現実の世界ではオニは退治されるどころか、以後、いよいよ精力的にロードローラーをあちこち引っぱり回して、東京中の原っぱを建設用地に変えていく。

四方田犬彦は、一九六〇年代の終わりごろに発表された矢代まさ子の中篇マンガ『ノアをさがして』（図6）の粗筋を次のように記して、マンガの画面に現われる原っぱの末期の姿を呈示している。

「『ノアをさがして』には、原っぱの土管で暮している奇妙な中年男が登場します。（略）この人はかつて人を殺したことがあるらしく、ユートピア的妄想の世界に生きています。近所の子供たちは彼と仲良しになり、男はノアの方舟の話に耳を傾けたりするのですが、結局は大人たちの手で変質者として収容され、すべては悲惨な結果に終わります。『ノアをさがして』は、ある意味で、マンガにおける原っぱが子供の自由な楽園であることをやめ、不信と孤独に満ちた不毛な空間へと変貌していったことを示しています。変身の夢想は姿を消し、子供たちがしだいに屋内で遊ぶようになった過程と軌を一にしているのじゃないかな。やがてギャグマンガの舞台は路上や空地を離れ、学校、公園、室内へと移っていきます」

『オバケのQ太郎』の連載第一回で林のなかの原っぱでの子供たちのチャンバラごっこを取り上げた藤子不二雄も、一九七〇年代に入ると、タイムトラベルや空中飛行をテーマにするようにな

図6　矢代まさこ『ノアをさがして』（NTT出版 1996）

る。

原っぱがない町なかの子供たちは室内に閉じこもって遊ぶほかない。彼らは原っぱから室内への避難民である。北杜夫は「天井裏の子供たち」（六五年、執筆は六四年）という短篇小説で、この避難民の生態を活写している。一九六四年刊行の『楡家の人びと』で昭和初期の東京山の手の原っぱを愛惜の念をこめて詳細に描いた彼は、今度は、東京オリンピック開催前後の現在の東京で目のあたりにさせられた、その原っぱの臨終の姿を苦渋に満ちた筆で記録したのである。

「天井裏の子供たち」は、十数人で構成される子供たちの遊び仲間の隠密行動を追いつづけていく。彼らは以前は原っぱで遊んでいたのだが、原っぱが次々となくなってしまったために、やむなくアパートの天井裏を自分たちのアジトに定め、そこに閉じこもって遊ぶ。

「戦災を免れた老朽のその木造アパートには、共同の洗濯場がある。午後はめったに人が来ない。流し場から窓にのぼり、よごれた天井板を外した。またと得がたい密室、他から隔絶された別大地、闇としめやかな黴《かび》の匂いのする巣窟はこうして生れた。

今では、巣窟はずっと便利に整えられていた。（略）

床にはゴザが敷かれ、リンゴ箱やミカン箱が持ちこまれていた。その中には各種の玩具《おもちゃ》ピストルや射的銃や手裏剣などの武器、数十冊のマンガ本などがぎっしりつめこまれていた。食糧もあった。乾パン、罐詰、コーラやジュースのびん、しかしそれは非常用のもので、ふだんは手をつけてはならないのだった。焜炉が一つ置かれてあったが、彼らはときにインスタント・ラーメンを作って食べた」

この屋根裏の巣窟に集まる子供たちは愛読する忍者マンガに刺激されて、忍術遊び、忍者ごっこに耽る。彼らは幕府隠密総元締・服部半蔵を首領に戴き、半太夫、幻心入道などの忍者名を頂戴して、忍者部隊を結成している。主人公の少年は新入りで、隊員、準隊員の下の「見習《みならい》」に加えられて、彼の姉がグレゴリー・ペックのブロマイドを持っていたところから、忍者名を与えられず、ペックと呼ばれている。服部半蔵がガキ大将であるとすれば、ペックはみそっかすである。

近所には子供たちが遊べる原っぱはまだ一つだけ残っているが、それは次のようにみすぼらしいものだった。

「『第三地区』は、以前は残された唯一の原っぱだった。それが工場の敷地となり、子供らの遊び場は失われてしまったが、それでもその一部がまだ空地のままで、鉄条網にかこまれて残っていた。破れ目をくぐると、鉄材や土管が並び、それでもはずれのほうにバッタなどのひそんでいるいくらかの雑草がはびこっていた。

空地の中央では、昼休みに工員が出てきてバレーボールに興じていた。しかしそのほかの時間には、忍者部隊の少年たちが土管のかげで密談をするのを妨げるものはなかった」

「かつてザリガニのいたドブ川は濁れるだけ濁り、とろんとした水面にはほとんど流れがなく、芥《ごみ》と油が淀んでいる。やがて鉄条網のつづく地帯へかかる。鉄材が堆《うずたか》く積まれ、砂利の小山と土管が並ぶ。

一箇所、鉄条網をくぐれる箇所がある。その外れた有棘鉄線を片手ではねあげて、ペックは内へはいった。雑草がすでに倦み疲れた表情を見せ、うすく埃をかむっている」『楡家の人びと』では、原っぱは「ありふれていながら同時にかけがえのない珍《めずら》かな子供たちの宝庫」として生気に満ち、光り輝いていた。ところが、「天井裏の子供たち」では、原っぱは、はずれのほうにはびこっている「いくらかの雑草」が「倦み疲れた表情を見せ、うすく埃をかむっている」、うらぶれた場所であるにすぎない。原っぱはいまや輝きを失って、「かけがえのない珍かな子供たちの宝庫」ではなくなってしまっている。だから、子供たちは原っぱでのびのびと遊ぶことができなくなって、戸外からネズミ、カエル、ザリガニなどを捕らえてきて、屋根裏のアジトで、「儀式」と称して、それらの小動物を生体解剖するという病的な遊びに耽ることになる。しかも、近ごろはネズミも見つからなくなり、ザリガニも小川で獲れなくなったので、例の原っぱでようやくつかまえた小さなバッタ一匹を生贄にするというありさまだ。

ペックは屋根裏に集まる遊び仲間では裕福なほうだった。というのは、彼の父は「ここ数年加速度的に大きくなってきた建設会社、五輪工務店の設計主任」だからである。「五輪工務店」とは、オリンピック工事に関与する建設会社、つまり、原っぱつぶしを推し進めている会社ということだろう。オリンピック工事で父の収入がアップしたので、ペックは最近、勉強部屋を与えられた。しかし、彼はこの勉強部屋にどうにも馴染めない。「綺麗に整頓された勉強部屋。しかしペックには、この恵まれた境遇が真新しすぎる帽子のようにだるっこく重たく感じられた」。本箱には「児童百科」などの参考書がずらりと並んでいる。「実際、この子供部屋にはなんでも揃いすぎているのだ。これでは宿題をしないわけにはいかない」。

ペックの家の近くに初めてスーパーマーケットが開店した。これまでペックはデパートへは行ったことはあるが、スーパーには入ったことがない。スーパーに行ってみると、店内はデパートの中よりもはるかに多くの客で混雑している。ペックは店内に並べられている品物の数の多さにも驚く。大工用品のコーナーでは、「ぴかぴかと真新しい釘の群」が彼の目を射た。ペックは、自分の家にある、「いずれも銹《さ》びついたり燻んだりしている」大工道具と思い比べて、それを「ほとんど豪奢とまで感じ」た。ペックはスーパーの店内で「おびただしい客の群と無数の商品の波」に圧倒されつつ、それをまばゆいばかりの豊かさとではなく「おそろしい空白」と受け取る。

このスーパーの店内の「無数の商品の波」は、天井裏のアジトに集まる、大多数が「運転手や工員、労務者などの子供たち」である少年たちを誘惑する。かつて原っぱにつどっていた子供たちは、ほとんどただで遊ぶことができた。ところが、オリンピック前後の時期に子供たちは商品経済に巻きこまれて、購売欲を刺激される。

「天井裏の子供たち」は、この子供たちが商品経済の波に呑まれて非行に走る過程を描いている。天井裏の巣窟で会計係はみんなの前で会計報告をする。彼は「支出」と切り出し、「ガム十二箇、百二十円、チョコレート十箇、二百四十円」といった具合に読み上げていって、「あとまだ千三百三十円残っている」と結ぶ。ここまでは、子供の世界と釣り合った金額である。しかし会計係が次に「作戦第十三号による戦果」と言って、「戦果、十一万円！」と叫ぶところで、収入金額が子供の世界とは不釣り合いに高額となる。どうしてそんな大金が転がりこんできたのか。作戦に加わった忍者部隊の一人が、父が会社の社長をしている友達の家に遊びに行って、その友達の目をかすめて、「彼らの親たちがその何分の一しか稼ぐことのできぬ金額」の金を戸棚の中から盗み取ったのだ。このとき以来、忍者部隊は百万円を目標にして窃盗や万引をくり返し、盗んだ金で子供とは縁のない高額商品を買いあさり、初めは粗末なものでしかなかったし、それで満足していた自分たちの巣窟を豪華にしていく。

　その後、この天井裏の巣窟から、子供たちがそこにいない時間にボヤが出る。「火は天井を焦がしただけで消えたが、火の気のおよそない場所だけにいぶかられた」。さっそく、当局の者が駆けつけてくる。「天井裏にあがっていった係官が、おびただしくも豊穣な彼らの所有物を発見した。マイクロテレビ、トランジスタラジオ、テープレコーダー、射的銃、玩具のピストル、数《あま》多《た》の雑誌、懐中電燈、食糧、等々」。みそっかすのペックはこれまでまだ万引はしていなかった。その彼が勇を鼓して初めて万引をして、戦利品を忍者部隊の幹部に届けようとして原っぱに赴く。だが、原っぱには誰もいなかったので、天井裏のアジトへと足を向ける。アジトのあるアパートの近くまで来たとき、ペックは「前方にただならぬ気配が漂っている」のを感じ取って立ちすくむ。アパートの前で刑事たちが張っていたのだろう。こうして「天井裏の子供たち」の世界は、「おびただしくも豊穣な彼らの所有物」をかかえこんで壊滅する。

北杜夫は、オリンピック前後の原っぱが消えかけた時期の、東京の子供たちの世界を、このように新しい商品の悪夢的な増殖運動を背景にして、倦怠感と閉塞感に満ちたものとして描き出した。

「天井裏の子供たち」では、子供たちには、工場の傍の、雑草が埃をかぶっている小さな原っぱしか戸外の遊び場がないうえに、これまでは見つけられたネズミ、カエル、ザリガニがもはやどこにも見当たらなくなって、小さなバッタ一匹しか獲れない。ここでは、原っぱの縮小と小動物の減少が同時に進行している。

品田穣は『都市の自然史』で、このことを裏づけるように、次のように書いている。「身のまわりの小動物を消し去った何かと同じものが、子供の遊び場をも奪った」。「子供の遊び場がほとんど失われた時期に軌を一つにしてトンボが消えているのだ」。ギンヤンマ、チョウ、カエルなどが東京から姿を消していった時期に、隠れんぼ、鬼ごっこ、缶蹴り、探偵ごっこ、ベーゴマ、ビー玉、釘差し、跳び馬、距離跳び、竹馬、凧揚げ、メンコ、陣取り遊びなどの、空き地で行なわれる子供の遊びも消え失せていった。

東京から小動物がいなくなってしまった一九六〇年代をふり返って、加藤幸子は「東京は生きている?」(八七年)で、こう記している。「東京はほかの地方に先がけて、市街の自然破壊を徹底して行った」。「高度成長期はいちばん東京がきらいになった時期であった」。「ホタルもモグラもヒバリもメダカも都内から去っていった。自然の好きな私には身を切られる哀しさだった。生物としての私の感受性は、自然が減っていくたびに、ピピピと危険信号を発している」。

北杜夫は一九六四年執筆の「天井裏の子供たち」で、「東京という土地は僕らみんなの共有物」という「焼跡感覚」が失われた高度成長期に、子供たちが原っぱから室内に追いこまれていく状況を描いた。それが六〇年代後半に入ると、かつて原っぱで遊んでいた世代の若者によって、東京から失われた原っぱ、「焼跡感覚」を表現の次元で取り戻そうとする試みが企てられる。例えば、六七、八年ごろ、全共闘の学生は街頭闘争の続くなか、神田駿河台界隈の歩道の敷石を剝がして土の地面をむき出しにした。赤瀬川原平の「我いかにして路上観察者となりしか」（八六年）によると、六〇年代後半には「体制破壊の波が町を吹き抜けた」。「路上の敷石が剝がされ、交番が焼打ちに合い、車道をぞろぞろと人が歩いて、町の様相は激変し」た。「これは関東大震災のミニ版だろうか」。たしかに六七、八年ごろの東京の一部の街頭は震災後の焼け跡のような様相を呈していた。

一九六〇年代後半における唐十郎の演劇活動、著作活動にも、同時代の東京に失われた原っぱ、「焼跡感覚」を甦らせようとする目論見が明らかに窺われる。

唐十郎率いる劇団・状況劇場は一九六六年に、戸山ケ原の草ぼうぼうの空き地でリヤカーなどを用いた野外劇「腰巻お仙・忘却篇」を上演した。それまで新劇と同じく劇場の内部で芝居を上演していた状況劇場は六五、六年に戸内から戸外へ飛び出し、空き地で芝居を打ち、六七年の「月笛お仙」以後は野外に紅《あか》テントを張って芝居を掛けるようになった。当時、加藤郁乎はそうした状況劇場の新機軸を指して「空閑地の精神」と喝破した。とにかく、そのころの状況劇場は精力的に空き地探しを行なった。私は当時、状況劇場の新作を観に行くたびに、東京のこんなところにこんな空き地があったのかと驚かされたものである。やがて状況劇場は紅テントの拠点にしていた新宿の花園神社を追い出されたが、座長の唐十郎は新宿を去るに当たって、紅テント内で「新宿見たけりゃ今見ておきゃれ。じきに新宿、原になる」という捨てゼリフを吐いた。原とは焼け野が原のことである。その不敵なセリフを聞いたとき、観客の私たちは、新宿という町が炎上し、焼け跡になる情景を思い浮かべたものである。

唐十郎は一九六九年に「幻の焼跡を追うぼくの芝居」というタイトルの文章を発表しているが、このタイトルは彼の当時の演劇活動の核心を言い当てている。

唐十郎は一九六〇年代末から七〇年代初めの時期に執筆したエッセイで、戦後の東京の焼け跡こそ自分の原風景であることを打ち明けて、次のように語っている。「焼け跡は、（略）五歳の少年にとって、黄金の荒野ともいうべきで、私はあきれるほど、それに闖入されっ放しで、夢遊病のように中学まで過した」。「ぼくは、自らを夢遊の季節の世代と名付けている」。「戦後の焼け野原を秘密の花園として、夢をむさぼりつづけてきたたぐいである」。「あの妙に晴ればかりつづいた白昼の原っぱ」が自分の遊び場だった。「原っぱに残された鉄のバラ線で足をえぐり、傷を陽光にさらして見る少年時の呆けた時間が夢遊病のようにつづく」。

唐十郎は昭和十五年、下谷万年町で生まれ、戦時中に福島県に疎開したあと、昭和二十年の夏、焼け野が原の万年町に帰ってきた。彼は小学校時代、焼け跡の原っぱで遊んだ。原っぱには紙芝居が自転車に乗って現われた。上演される絵物語形式の紙芝居のうち、とくに夢中になったのは山川惣治作の「少年王者」である。「少年王者」はアフリカのジャングルでの日本人少年・真吾の冒険を描いたもので、唐十郎を含めた子供たちは、アフリカのジャングルと自分たちが遊び回る焼け野が原とを重ね焼きにして、ナイフを手にした真吾の活躍ぶりを手に汗握りつつ眺めた。この原っぱで観た紙芝居、とくに「少年王者」は唐十郎の想像力を激しくかき立て、彼の心に強く灼きついた。彼はそのことをいくつかのエッセイで熱っぽく語っている。彼はまず紙芝居を取り巻く状況について、「昼下がりの主役」（七九年）で次のように語る。

「紙芝居が下町に横行したころのメッカの状態というのは、ひまつぶしに見に行ったものではありませんでした。『新諸国物語』というラジオ番組が始まるのが午後六時、その前の少年の一つのカリキュラムが紙芝居だったのです。学校から帰りますと、まっ先に町へ走っていくのです。紙芝居は昼下がりの主役でありました。紙芝居の親父がやってきて、それに飛びつくということが、一つの儀式であり、事件だったのです」。「紙芝居の自転車は、（略）焼跡にとびかうトンボをかきわけてつっこんでまいります。こういったシチュエーションを背景にしょって登場するから、紙芝居というものは、物とイメージの関係が非常に豊かになるのです。不潔なソース煎餅と、不潔な少年の服装、ドブの不潔な臭いがぶつかって百花繚乱、必要欠くべからざる花が開くのでありましょう」。「紙芝居の親父は、少年の私の目の前を通りすぎていった、とんでもない大きな他人で、あのころの自転車は大きくて、なにか犀のような感じでした。つくりは頑丈であるし、タイヤは厚いし、荷台は牢獄のように固い」。「紙芝居の親父が自転車の荷台にのせているあめ色の箱には、四つか五つの引き出しがありまして、そこに何が入っているかを思うと、ぞくぞくするような楽しみで、たしか、うすい煎餅の束、ソース罐、はけ、ハッカ、ニッキ、水飴などが入っておりました。ざくろ色というか、だいだい色というか、ソース煎餅にぬるソースは、梅干しとケチャップと、毒々しい香料をこねあわせたもので、私は紙芝居の絵には、あのソースが塗りたくってあるのだと思っています。煎餅ソースと絵の具が一緒なのです。子どもに食わすものと見せるものが一緒くたになった錯乱現象が、紙芝居の後にただよっているのでした」。

唐十郎は「マウント・サタンの悪夢」(七一年)で、子供時代の自分とその遊び仲間がいかに「少年王者」に熱中し、冒険の夢をはぐくんだかを以下のように記している。

「その頃、少年たちはイメージの後ろ姿を見るに不自由しなかった。少年たちの唯一の宝は夜と昼を一気にかけだせたことである。そして彼らはいささか、あの灼けるお天道さまに頭をやられていた。熱にかかって、ぼんやりと見る畳のすみのつむじ風が、焼けたレンガや草っぱらをぶらつく真昼の中にも在った。焼けたトタンの近くには、必ず、ぶっそうな紙芝居屋が待ちかまえ、夜は夜で、フトンやリュックサックのつめこんである押入れの中に同居している箱ラジオにかじりつき、『白馬の騎士』の行方を追っている。夢遊病のように、焼跡の上をさまよい、焼跡を背景に追ったこれらのイリュージョンは、あらゆる物質の中で、王の位をいただく程のものであった。イリュージョンを追うのに少年の目がこれ程、血眼になった時代は珍らしい」

「あの時、焼けたトタンのあるところに、（略）そんな陽だまりに、少年王者が現われたということは、（略）すごい事件であった。荒塗りのラッカーの木枠の中にいる少年王者真吾とは、それ迄、五円玉は落ちていないかとうろつきまわっていた少年の泥だらけの手に、一丁のナイフを持たせたようなものである。真吾になりたい、と思っているうちに、このアフリカのマウント・サタンのヒーローは、完全にわれらのことになった。というのは、アフリカのマウント・サタンの灼熱した太陽と、この紙芝居屋が店開く陽だまりは、一種の空間の回転木戸のようなカフクリになっていたのだ。紙芝居が帰っても帰るところのない多くの真吾たちは、灼けた背中が冷える迄、口もきかずに少年王者の自分なりのレトリックをまとめている。（略）ああ、もう夜だというのに、この子はまだ少年王者なのだ。（略）うわ言のように何かを呟いている。

それも、長屋の子がすべからくそうだとなると、このどこかに魂を奪われた少年たちは、親にとっていささか薄気味悪くなってくる。そして、この熱を冷ますために、必ず撲られる。まるでアフリカのマウント・サタンが崩れ落ちてきたような偶然で。暗い六畳間の奥の、二階に上る階段口で、我が家の現実を知らされた少年が泣いている」

唐十郎は、焼け跡で遊び、紙芝居に熱中した昭和二十年代の子供たちと、室内に閉じこもってテレビ＝電気紙芝居を観ている一九六〇年代後半の現在の子供たちとを対比して、こう言い放つ。「今日、パッケージ文化の中に箱づめされた少年たちの前を通りすぎるものは、電気紙芝居の中を矢つぎ早やに交代していく白痴面《づら》でしかない。白痴面のバリエーションに呪縛されて、少年のくるぶしは、錆びた鉄十条にひっかかり、陽光に照らされた自分の血を見つけることだって出来はしない」。

唐十郎はオリンピック以後の、まったく様変わりしてコンクリートの町と化した東京を歩きながら、東京がもう一度、炎上して焼け跡に還ることを夢見る。短篇小説「銀ヤンマ」（六九年）で、彼はその夢をファンタジーとして展開している。作中に出てくるトンボの銀ヤンマについては、野村圭佑の『原っぱで会おう』（九五年）の次のようなくだりを見ていただきたい。「一九三〇〜四〇年代には、東京の下町でも、夏から秋の夕方になるとギンヤンマが群れをなして飛んで来るのが見られたと聞く。私たちの子供の頃の一九五〇年代には、それほど多くはないが、町の中でも結構ギンヤンマは見たものだ。それが一九六〇年代を境に、ほとんど、いやまったくといってよいほど町中では見られない存在にな」った。

「銀ヤンマ」の冒頭は以下のようである。

「上野の山の下、夏草が茂る焼野原におびただしいほどの銀ヤンマが飛び交う。私はその時、ぬれたままの海水パンツをぶらさげて隅田川から帰ってきたところで夕闇の中をよぎる銀ヤンマの数がそこだけ多いので、何故か不吉な兆が、その原っぱに私をくぎづけようとしているのだと察した」

この原っぱには真ん中に小さな公衆便所がある。この公衆便所の窓からロウソクの灯りが漏れているので、内部を覗いてみると、乞食の少女がゴザの上にころがっている銀ヤンマのたくさんの目玉を一つ一つ手に取って数を数えている。まわりには、むしり取られた銀ヤンマの羽がいくつも散らばっている。この公衆便所を棲みかとしている浮浪児の少女と知り合った「私」は、長屋に戻って、寝床のなかで、「あの少女がただ一人、巨大なトンボの背にまたがって、闇の焼野原を旋回している姿」を目に浮かべる。

その後、乞食の少女は時折、「私」が住んでいるオカマ長屋の表にやって来る。「私」も彼女が寝ぐらにしている公衆便所をまた覗きに行く。だが、やがて少女は公衆便所から姿を消して、消息を絶ってしまう。そして、舞台は昭和二十年代の東京から一九六〇年代後半の東京へと移る。「それから二十年、十年毎に訪れる日本の焼跡のジンクスは、二廻り長い時間を猶予された。下谷のオカマ長屋も今は時計バンドの室内工場になってしまい、ただ、私だけが二十年後の亡霊のように、遠い遠いプールから海水パンツをぶらさげて帰ってくる。そして、かつて公衆便所のあったあの焼野原を探し求める。だが、そこは、新しく出来る地下鉄の無人のストリートだ。昆虫の触角のような蛍光灯に照らされた冷たいアスファルトの彼方から、私をめがけて、（略）あの少女が（略）やって来るのを、私は、したたり落ちるパンツの雫と共に待っている。（略）私は酔ったようにストリートをふらつく。幻の焼跡を、誰に会うこともなく、靴音だけが存在の、この私が行く。すると、霧にぼやけたストリートの彼方から黒ぬりの車がヘッドライトもつけずゆるやかにやってくる」

黒塗りの自動車は「私」の前で止まり、運転していた黒衣の女がドアを開いて「私」を招く。女はあの乞食少女である。車が「私」を乗せて走り出すと、女は「私」に、「前を見てごらんとでも言うようにアゴをつきだして見せた」。そこで「私」が「走る車の前方を見ると、とても暗い高速道路トンネルのはるか彼方で、どこかの町が炎に包まれている」。その光景を目にした「私」が「どこが燃えているのだろ？」とつぶやくと、少女は傍で「東京じゃ」と言う。『東京？』『ああ、東京は今は、関東大震災じゃ』」。「私」は、その大火災の光景を眺めているうちに、「世界を我がものにしたような気にな」ってくる。

一九六〇年代末に、コンクリートとアスファルトで固められた東京が炎上し、ふたたび焼け野が原に還った！「銀ヤンマ」のラストシーンにおける、このカタストロフのファンタジーは、「体制破壊の波が町を吹き抜け」、「関東大震災のミニ版」が起こった六八年ごろの街頭に漂っていた終末気分に刺激されて生み出されたものだろう。

しかし、唐十郎は当時、そうした終末のファンタジーを抱懐していただけではない。彼は、「バッタを追いながら、薄々知った東京下谷の焼け野原が、〈私の〉唯一の幻想的な現実風景である」と述べたうえで、「この私の幻想を現実に闖入させる為に、あらゆる記号を私の詐略のテコにしなければならぬ」と言い切る。実際、当時の彼の演劇活動は、この焼け跡の「幻想を現実に闖入させる為」の「詐略」にもとづいて続けられていったといえるだろう。

雑草は刈りそろえよ

一九六〇年代に東京の都心部の原っぱは、オリンピック工事などによって次々とつぶされて、その跡地は駐車場に変わったり、ビルや住宅が建ったりした。といっても、この時期は、都の周辺部にはまだ原っぱが残っていた。だが、この周辺部の原っぱも、七〇年代に入ると、住民の要望もあって、役所によって厳重に管理されていく。

大岩剛一は『ロスト・シティ・Ｔｏｋｙｏ』で、この一九七〇年代に起こった原っぱへの管理強化の実態を探っている。以下しばらく、この本の記述を、他の資料も織りこみつつ、たどっていきたい。

一九七〇年代は、東京の住民の空き地への意識が変化し、空き地の囲い込みが強行された時期である。実際、七〇年代の半ば過ぎには、ブロック塀や鉄板の囲い、ネットフェンス、木の柵などで囲われた空き地が目立ちはじめた。

当局の空き地対策は、一九六八年に都市計画法が改正された際に、「空地《くうち》」のうちでとくに

「当該土地の使用権が何らかの形で国又は地方公共団体によって担保されているもの」を「公共空地」と呼ぶことが正式に法として定められたあとに始められた。日本の都市は「空き地」という概念をもたず、それを「空地《くうち》（オープンスペース）」と称する。都市計画法は、この「空地」のうちで国や地方公共団体の管轄下にあるものを「公共空地」と名づけた。この「公共空地」はすなわち「公園」に相当し、都市公園法の適用を受ける。そして、国や地方公共団体の管轄下にある原っぱは、都市公園法のなかの「園路及び広場」という「公園施設」に該当する。つまり、都市計画法が改正された六八年に、原っぱは当局によって「公園施設」にされてしまったのだ。「公園施設」としての原っぱは、安全で衛生的な原っぱであり、役所はそれ以外の原っぱを認めない。そういう原則に立って役所は原っぱを厳重に管理しはじめる。土、小石、雑草、斜面や崖、ぬかるみ、藪、道のでこぼこは、埋められねばならない隙間とみなされ、公共空地は整形され、植栽、芝生、生垣、花壇、園路、擁壁、護岸、暗渠などへと変えられる。雑草は定期的に芝生のように刈りそろえられる。こうして「公共空地」は修景を施されて、よそよそしい公園へと生まれ変わった。

この役所による空地管理システムの成立過程を、世田谷のケースを取り上げて見ていってみよう。

世田谷区は、東京二十三区のうちでは最も田舎っぽい地域である。一九五八年に世田谷区で生まれた坪内祐三は「私の住む町――世田谷区」で、彼の子供時代の赤堤界隈の情景を以下のように記している。六一年、三歳のころの赤堤は田園地帯で、まわりには田畑が広がり、小川が流れ、大通りも舗装されていなかった。この大通りに交通信号が設置されたのは六五年で、当時、そこを時折、「ポクポクと馬が引かれて行くのを目にした」。七〇年ごろでも「牧場から逃げ出した牛が一頭、道路の真ん中でグルグルと動きまわっている」のを見たことがある。その牛の姿に、通りがかりのドライバーたちは慌てふためいていた。

このような世田谷区で、区役所は一九七〇年十一月に、次のような内容の条例を定めた。

「この条例において『危険な状態』とは、雑草(かん木を含む。以下同じ。)が繁茂したまま放置されているため、住民の健康を害し、犯罪を発生させる等生活環境を著しくそこなうような状態をいう」。「あき地の所有者または管理者(以下「所有者等」という。)は、当該あき地を危険な状態にならないよう常に適正に管理しなければならない」。「区民は、あき地が危険な状態にあると認めるときは、当該あき地の所有者等に対し、期限を定めて、雑草を除去すべきことを勧告することができる」。

この世田谷区の条例が公布されることになる直接の原因は、同区におけるセイタカアワダチソウの異常繁茂である。セイタカアワダチソウはアメリカからやってきた外来植物で、北米大陸のアルカリ性の土壌を好み、酸性度の高い日本の土壌には馴染まない。この名前のとおり背の高い雑草は、造成されたばかりの空き地、土手、氾濫後の河川床など、先住種のいない地域に根づいて、大増殖した。当時、セイタカアワダチソウの花粉が花粉症の病原と疑われたこともあり、この雑草の除去が要請された。そこで前記の世田谷区の条例がつくられたのである。しかし、一九七〇年代後半には、セイタカアワダチソウは増え過ぎたための自滅現象を起こして激減した。ところが、この時期には、セイタカアワダチソウの衰退と並行して、空き地の野放し状態に対する近隣住民の苦情が急増し、そのため、空き地の雑草の駆除を義務づける世田谷区の条例はその後も生き残った。

世田谷区に限らず、一九七〇年代には、空き地の近隣の住民が空き地に関する苦情を役所にぶつけてくることが多くなった。草に足を引っかけて転んだり足を切ったりする、犬や猫の糞が汚い、蜂や蚊などの虫や花粉による被害が多い、雑草が伸び過ぎると誘拐、痴漢、放火などの犯罪と結びつきやすい、空き缶やゴミが投棄される、不衛生で困る、気持ち悪い……。六〇年代まではほとんど聞かれなかった、そんな苦情が湧き起こってきたのである。

こうした住民の空き地に関する苦情は、一九七八年度に全国の各地方公共団体の公害苦情相談窓口に初めて寄せられるようになった。そして、八二年度以降、この窓口への苦情持ち込みの数は増加していって、八八年には十年前の七八年の七倍に当たる最高値を記録した。七〇年代末以後、空き地は「公害」の発生源とみなされるに至ったのだ。窓口に苦情を持ちこんでくる地域の七割近くが「住居地域」であった。

こういう苦情を頻繁に持ちこまれたことへの対応策として、役所は原っぱを安全で衛生的な場所に変えようとして、前述のような修景を施したのである。「セイタカアワダチソウに〝悪草〟の烙印が押された一九七〇年。そして空き地が初めて公害となった一九七八年。それはちょうど、あの修景を施されたよそよそしい都市公園が、すなわち〝原っぱを許さない公園〟が都市のいたるところにつくられていった時期にも重なる」。

一九七〇年代以降、なぜこのように都市の空き地が目の敵にされるようになったのか。それは都市住民がこの時期に、大地を、土を疎ましく感じるようになったからではないか。戦後の都市住民は「まだまだ土に根ざしていて、混沌とした大地の象徴でもある土の猥雑さを〝共有〟することができた」。ところが、七〇年代以後、都市住民は「〝猥雑で混沌とした一切のもの〟を寄せつけなくなり、本当の意味の〝土〟を失った」。彼らは混沌の象徴としての大地を厄介で汚れたものと感じて、道路でも家と家の境界でも庭でも、また屋内でも、土を人工物で覆い隠すことに熱心になった。「アスファルト、外構用ブロック、ゴム舗装材、人工芝――たった三〇年足らずの間に、都市のいたるところに露呈していた大地の土を、外構用の舗装材がものの見事に覆い隠した。また住まいの内側でもカーペットやフローリングを筆頭に、タイル、ビニールシートなどの実に多種多様な床材が、玄関の土間や室内の床を覆いつくした」。当然、大地がむき出しになっている、何の役にも立たない雑草が生い茂った原っぱは、切り開いて、人工物によって覆いつくさなければならない。

一九七〇年代の都市住民は、土、大地を混沌としたもの、汚れたものと感じて人工物で蔽い隠そうとする一方、それを無駄な隙間とみなして、人工物でその隙間を埋めつくそうとした。大岩剛一は、自分自身、七〇年代には、都市住民のそういう隙間を忌避する意識を漠然と共有していたため、自分の住まいのまわりの空き地が次々と宅地化していくことに無感覚だったと言っている。

「七〇年代の初めの頃、近所の空き地が次々と新興の住宅地へと塗りかえられていったとき、日ごと変わっていく窓の外の景色を、ぼくは何の感慨もなく当然のようにただ眺めているだけだった。森の向こうで次第に形を成していく大きな団地。クレーンの影。雑木林や畑は似たような白っぽい家で埋められていった。あの〝原っぱ〟も、なぜかぼくの中ですっかり色褪せていた。都市の中から空き地がなくなったのは、ビルや住宅がそこを埋めたからではないだろう。私たちの中で、〝空き地を空き地として感受する力〟が失われたときに、空き地は初めて明り渡されたのだと思う。

私たちの視線はいつの間にか土地をふさぎ占有するものの側に焦点を結ぶようになった。ぽっかり空いた空き地がそこにあること自体が〝不自然〟だと感じるようになった。それはやっかいきわまりない大地という〝すき間〟を埋めようとする者の視線である」

一九六〇、七〇年代以後、都市住民は「〝すき間〟を埋めようとする者」たちの集合と化した。しかし、それ以前の時代の都市住民は隙間を許容し、放置していた。槇文彦は「都市をみる」で、

「『すき間』の感覚に近いパブリック・スペースの存在は、最も象徴的に日本的都市の特性を物語っている」と述べ、私たちの先祖は「すき間に場を認め」、「すき間を意識的に残す態度」を堅持してきたと言い、江戸には街路の網目から抜け落ちた隙間があり、そこには自然、緑が残されていた、と語っている。若月幸敏は「微地形と場所性」で、江戸は「すき間のある都市という印象を我々に与える」、江戸人は「都市のなかに人によって管理されない自然を残してきた」と書いている。大野秀敏は「まちの表層」で、「世界的な人口を誇った大都市江戸には、中心部にさえも人家が途切れ樹木の生い茂る場所があった」、「都市にも『すき間』があり、そこから自然が顔を覗かせていた」と記している。

明治維新で江戸が東京と名を変えてからも、この都市は一九五〇年代までは町中に隙間を残していた。だが、六、七〇年代以後、町から隙間が失われていく。例えば、それまで家の境界をなしていた、隙間のある生け垣は、隙間のないコンクリート・ブロック塀に次第に取って代わられていった。

大竹誠は『街の忘れがたみ』で、一九五〇年代まで存在していた生け垣について、こう回想している。家の外を通りかかると、生け垣の「幹のすき間、枝や葉っぱのすき間から中が覗けるのだった」。「どこの家も敷地のまわりを生け垣で囲っていたので、「街はどこまでも同じようにつながって見えた」。生け垣には「人が一人通れるくらいのすき間があるのもあった。ボールなどが入るたんびに、そこから忍び込んで取りに行きその結果おのずとできたすき間なのだった。大きな敷地のお屋敷ではそんな穴があちこちに開けられていることもあった。その穴が塞がれるとまた別のところに次のすき間ができていた」。

コンクリート・ブロックでは、このような隙間はまったく成立の余地がない。ブロック塀で囲われてからというもの、家々はみな自分を外界から閉ざしてしまい、表を歩く者には家の中はまったく窺い知れなくなった。

縁側は、家屋の端に設けられた、外に開かれた隙間的な空間ともいえるが、この縁側も一九六、七〇年代にはなくなっていった。

「昔はね、家には縁側というのがありました。家のなかでもないし、庭でもない不思議な所でした。時々、近所の人が寄っていってお茶を飲んだり、庭木の職人さんたちが腰かけて休む所でした。子どもたちはよく縁側の下に、メンコやベーゴマやビー玉を隠していました」（石山修武「ホームシック物語」）。「縁側のような曖昧な空間は、家族だけの空間ではなく、家族外の人間が平気で入りこむことのできる空間であった。そして、そうした空間は、その家に住む人間にとっても自分の意識を家庭の『外部』に向ける役割を果たしていた。親に叱られた子供は縁側で外を見て泣けば気分が転換できた。家があらかじめ家の中に『外部』をとりこんでいたのだ」（三浦展『「家族」と「幸福」の戦後史』）

一九六〇年代以後、家は隣の土地との境界線いっぱいに建てることが常識となって、家と家との間の隙間、役に立たない、あいまいな場所は一掃された。そうした隙間のない、空と土の余地のない町なか、縁側がなくなり生け垣がブロック塀に替えられた家々が建ち並ぶ町なかは、表を通る人々に息苦しさを覚えさせずにおかない。

地域の近隣生活空間は、道路や神社の境内など、地域の人々の共有する、大きな隙間ともいえるものであった。しかし、一九六〇年代以後、その近隣生活空間という隙間は塞がれ、消えていった。「かつては存在していた（略）近隣生活空間でさえ、現在次つぎと破壊されていっている。私たちが住むまちの生活空間といえば、まず道路があった。道路で人びとは遊び、語らい、楽しんだ。しかし、いま道路は自動車が占領して、人びとは、家の中に追いやられてしまった。かつての産土《うぶすな》社である氏神の社《やしろ》や鎮守の森も、どんどんつぶされていく。お寺でさえも、バーやパチンコ屋、駐車場などに変身する。むかし人びとの生活の場であった近隣生活空間、お祭りがおこなわれ、夜店がたちならんだまちの空間は、逼塞してしまった」（上田篤「まちの再発見」六八年）。

一九六、七〇年代に生け垣、縁側、隣地との境の余白、近隣生活空間を失って、家の中に追いやられた都市住民は、室内＝インテリアに関心を移し、観葉植物による室内の景化が進んだ。それと並行して、別荘、リゾート施設、ゴルフ場ペンションなどの建設ブームが起こる。どちらも、大地と隙間を失って室内の密閉空間へと追いこまれた者たちの人工的自然への傾斜、熱中の現象とみることができよう。

地球のかけらに触れる

一九八〇年代以後、都市部の空き地はどうなったのか。子供たちが集団で遊ぶような原っぱは消え失せた。それでも、空き地はなくならなかった。以下、幾人かのウォッチャーによる報告を紹介しよう。

千住育ちで今は深川に住んでいる増田みず子は『わたしの東京物語』（九五年）で、深川の木場公園について、こう書いている。「わたしがこちらへ移ってきた当時は、塀で囲まれた、広い広い草深い野原が続いていた。こんな広い草原がまだ東京に残っていたことに驚いたが、塀で囲ってしまって人を入れないのだから、あってもなくても同じだという気がした」。そして、この木場公園に隣接する豊住公園について、こう記す。「遠くから見てもうっそうとした林としか見えない。中に入ると、足を進めるのがためらわれるほど、丈高い草が生い茂っている」。「緑にひかれて近づいて、そのまま吸い込まれるようにして入ってしまったのだが、行けども行けども視野がひらけず、どこもかしこもわたしの背をはるかに越すような草でおおわれているので、いちいち後ろを振り返って、帰る道を確かめずにはいられなかった。このまま進めば草にうもれて帰り道がわからなくなるのではという不安が胸をよぎるほどだった」。「そこは底無し沼みたいに、草の間をどこまでも進むことができて、どこにも突き当たらないのだった。草が視野をさえぎっており、何も見えない」。「あたりはしんとして何の音も聞こえない」。

東京の町なかにも、たまたま管理の手が届かなくなった、エア・ポケットのような、草茫々の空き地が見出されたのだ。木場公園が「塀で囲ってしまって人を入れない」のに対して、豊住公園は出入り自由だが、両者に共通するのは、「もう使われなくなっている公園の跡」であり、「一時的に放置された空き地」であり、「忘れられた場所」であり、そして人影がまったく見られないということである。出入り自由な豊住公園に遊ぶ子供の姿はなかったのだ。

一九九〇年代の初め、土地バブルがはじけたあと、東京のあちこちに空き地が見られるようになった。地上げ屋の暗躍によって立ちのかせられた家やビルが更地にされ、建設にまもなく取りかかろうという矢先に土地バブルが崩壊したため、更地は新しい買い手もつかぬまま放置されてしまったのだ。このような土地を、業界では、ひそかに「死に地」と呼んでいる。囲いをめぐらされ、子供一人踏みこむことなく、死んだように静まり返った空き地は、多くの者にあの失われた原っぱを思い起こさせた。しかし、それは原っぱとは似て非なる、うつろでよそよそしい空き地にすぎない。

上野在住の浜田晋《すすむ》は『心をたがやす』（九四年）で、このバブル崩壊後の空き地を終戦直後の焼け跡と比較して、次のように述べている。「町は跋扈する地上げ屋、民間企業のつまみ喰いにまかされ、官の規制は及ばず、今（略）虫喰ったような空地を残した。（略）その地はだれの持ち物かわからない。何社かの抵当にはいっていて競売に出されても売れない」。「さら地のまま、放置自転車置場になっている（略）。むやみに駐車場がふえた」。「思えば戦後、同じ空き地（焼け跡）がいっぱいあった。しかし、そこには人が群がっていた。追いつめられた人間の熱気があった。それが新しい時代をつくったのであろう。しかし今、空地にはだれもいない。放置自転車が象徴的である」。

ここで、「死に地」としての空き地から、ごく普通の空き地へ目を転じてみよう。加藤幸子は『私の自然ウオッチング』（九一年）で、この空き地への愛着の念と、空き地を目の仇にする近年の風潮への困惑の思いとを語っている。「家の近くにもう十年以上も放置されている空地がある」。「空地の世界は楽しい。私は年に数回、張りめぐらされた金網の破れめから入っていくが、そのたびに収穫がある」。「〝空地〟に立つとき、私たちには日頃見えない多くのものが見えてくる」。「いつもきちんと整えられた公園よりも、私なら空地に行くほうを選ぶ」。この空地では、コンクリートで固められた環境では得られない、「地球のかけら」に触れることの喜びが味わえる。「地球のかけらには土があって草が生えている。

その当り前のことを発見する環境が、都会では少なくなった」。

このように空き地好きを自任する加藤幸子は、近ごろ、雑草が生え、小動物が隠れ棲み、土がむき出しになっている空き地を嫌う者が増えてきたことに、とまどいの言葉を漏らす。

「極端な人は近所の空地や公園の草にもがまんができなくて、区役所に刈ってくれるように電話をかける。そしてたいていの場合、こういう訴えは速やかに実現するものだ。雑草を人間の敵だと思っている人もいる。私の家の下の児童公園に除草剤をまいた人がいる。昨日まで青々していたメヒシバやカヤツリグサが、真っ黄色に枯れている光景はぞっとするほど異様であった。一瞬だが核爆発後の世界を連想した。（略）

それにしてもなぜ雑草たちがこれほどきらわれ始めたのだろうか。私の子供時代は都内でも野原で遊んだりしたから、まだ人は雑草に対して寛容であった。雑草いじめが激しくなったのは、ここ二十年ほどの傾向である。鉄とコンクリートの建物が立ち並び、歩行者よりも車が主役になった時代からである。こういうものに囲まれて生活しているかぎり、地球のかけらに触れる必要は感じないのかもしれない。強いてクリーン派の側に立って考えると、所かまわず生える雑草は無秩序と乱雑の象徴であり、合理的な生活の反逆者に見える」

右の引用文のなかの「雑草いじめが激しくなったのは、ここ二十年ほどの傾向である」という一句の、「ここ二十年ほど」とは、この文章の初出は一九八六年だから、六〇年代半ば以来ということである。六〇年代半ばというのは、ちょうど北杜夫が「天井裏の子供たち」を発表した時期に当たる。このころ、東京に日本史上初めて、空き地の雑草を毛嫌いする「クリーン派」が大量発生したのである。すでに述べたように、大岩剛一の『ロスト・シティ・Ｔｏｋｙｏ』によれば、七〇年代には、この「クリーン派」が空き地やその雑草への苦情を持ちこみ、役所も空き地対策に本腰を入れはじめた。

彼らクリーン派は、雑草のみならず、雑草についている毛虫や、空き地にむき出しになっている土に対しても嫌悪感を示す。加藤幸子はそのことにも言及している。「毛虫が近くにいると思うだけで夜も眠れない人がいるのだそうだ」。道路がアスファルト舗装されてから、「雑草と同じように土が汚いと思いこむ人がふえてしまった」。「子供の大好きな泥まんじゅう作りは、不潔な遊びになった。大根や里芋に泥がついていると、全然売れなくなった。風の日に土埃がたつ、雨の日に靴が汚れるという理由で、学校の校庭も浸水性舗装というのになった」。

これら一九六〇年代半ばに出現した「クリーン派」の自然嫌いの異様な心性がどのようにして形づくられたのか、私などにはとうてい窺い知れない。

子供がバランスよく心身を成長させるためには「地球のかけらに触れる必要」がある。アメリカ人のＪ・Ｃ・ピアスは『マジカル・チャイルド育児法』（七七年）で同じように子供が「地球のかけらに触れる」ことの重要さを、こちらは発達心理学の観点から説いている。

「七歳頃になると、脳の発達と論理が劇的な変換を遂げる。子供のマトリックスが母親から地球へと転換する（すべき）なのである。そのとき、生ける地球は子供にとって、パワーの場、安全な場、可能性の源泉となる。子供は地球に絆で結ばれるのだ」。「子供は、自分が地球に向かって意思表示すると、母と同じように地球がそれに応えてくれることを学び取ることができる」。「子供は、とくに草や木や花といった自然環境に囲まれた、大いなる平和と静けさを必要とする」。「多少のけがをしても天与の自然の中に踏み入っていくほうが、身体的に無傷のまま、その外にとどまるよりずっとよい」。「母親は、生命プロセスを信じる以外に道はないことを知っているので、子供の冒険を許す」。

ピアスはここで「マトリックス」という言葉をキーワードとして用いている。彼は「マトリックス」を以下のように説明する。

「マトリックス（母胎）とは、子供が絆を結ぶ対象である。マトリックスは子供に、可能性の源泉、その可能性を探索するエネルギーの源泉、その探索を可能にする安全な場所を提供する。子供の知能は、マトリックスから与えられた安全な場所に立ち、マトリックスから与えられたエネルギーを活用し、マトリックスから与えられた可能性を探索することによって発達する」

乳幼児の段階では、子供が絆を結ぶ相手であるマトリックスは母親である。それが七歳ごろになると、子供のマトリックスは母親から地球へと転移する。その時期の子供は、地球を自分のマトリックスとして探索の冒険を開始する。マトリックスとしての地球とは、草木に覆われ、小動物の出没する、多少の危険のある大地であり、それはそのなかに進んで身を乗り出す子供の心身の成長を支え、見守り、うながす。

アメリカ人のポール・シェパードは、同じくアメリカ人のイディス・コッブの『イマジネーションの生態学』（八五年）の序文「子供のたわむれの意味」で、『マジカル・チャイルド育児法』の著者と同様の論旨のことを述べて、次のように書いている。

「六歳から十一歳にかけての、中間的年齢の子供は、身体からその有機的環境へ、自己から生態系へと、意識の拡張に取り組む。自分自身の身体をこのように飛び梭《ひ》として使うことによって、子供は、自己の内にある庭や公園の小世界の統合性を体現するのである。そして、これらの特殊な場所は、本質的に異なる、さまざまな経験の断片のなかで子供自身がどのように意味を知覚するかをあらかじめ方向づけながら、相互に恒常的な関係を保っている。この身体と地球との遊びのなかで、風景は、期待される知識のモデルとなり、方法となる」。「子供が身を浸している生態学的な領域、すなわち少年少女のホームレンジのまんなかは、言葉以前の信頼を学び取る場所なのである。身をもたげてくる自我は、地勢、草、樹々という織機にかけられて癒され、断片的な事物の世界から保護される」。

イディス・コッブも同書で、ピアス、シェパードと似通った意見を以下のように述べている。

「人間の子供時代は、環境の探索を通して両親への本能的希求から心理的に乳離れする過程となる」。「子供時代に生活の泥やごみを喜んで受け入れたり楽しんだりすることは、環境全体との相互関係をつくり出すこの力を完全なものにし、またさらに後年において、分別ある思考のあらゆる段階での理解力を授けてくれるのである」。「心のバランスは、感覚的な経験において地球の根源に最も深く依存している。子供時代の自然への参与の段階で、精神《スピリッツ》のエネルギーとしての情緒と、行為の世界のエネルギーとしての場の精神とが融合するのである」。

『イマジネーションの生態学』の著者は、このように子供が有機的環境との相互作用をとおして自らの心身の成長を着実になし遂げていく過程をたどったあと、現代世界ではそのような子供の心身の成長が困難になっていると言う。『マジカル・チャイルド育児法』の著者も、「七歳の時に起こる大変換は、生まれる時の変換に負けず劣らず重大である。不幸にも、それはめったに成功しない。ほとんどすべてが死産である」と断じている。

『イマジネーションの生態学』の著者は、現代世界で子供の心身の成長が困難であることは実に由々しきことであって、それは人類を自滅へと至らしめるかもしれないと危惧して、こう述べる。「環境が崩壊し、鋼鉄とコンクリートが大地にとって代わるとき、精神《スピリッツ》もまた崩れ去るだろう。精神の要素がなければ、人間は、知性のずるさをとどめる、まったくの動物となってしまうだろう」。子供の成長への希求が増大しつつある無機的環境によって抑えつけられることは、「人間と人間との間の、ならびに人間と自然との間の生態学的な関係、あるいは相互依存的な関心の欠如をとおして、人類の滅亡をもたらすことになるかもしれない」。

『マジカル・チャイルド育児法』の著者も、『イマジネーションの生態学』の著者と同じように、「七歳の時に起こる大変換」の「ほとんどすべてが死産である」という現状がそのまま続けば人類は滅亡に至ると危惧している。彼は七歳ごろに子供が試みる地球との絆づくりのほとんどが失敗したことが一つの原因となって、現在の子供の間で次のような危機が生じていると指摘する。「近年、子供の世界は大人の世界に負けず劣らず急速に崩壊しつつある」。昨今、「障害を抱えた子供たちがわれわれのまわりにどんどん増えている」。「十四歳以下の子供の自殺も過去十五年間で数百倍に達している」。また、「学校内の教育体制と規律は急激かつ決定的な衰微を見せている」。こうした子供にまつわる現代の危機を、ピアスは「種の存続に関わる危機」と呼んでいる。

　以上のようにイディス・コッブもJ・C・ピアスも、七歳ごろからの子供は心身の成長のために全身で「地球のかけらに触れる必要」があることを説き、そうした「地球のかけらに触れる」経験の欠乏が子供、ひいては人類を窮地に追いつめている現状を憂えている。

　ここで現代アメリカから現代日本に戻ることにしよう。現代日本では、森崎和江が『いのちの素顔』（九四年）で、『マジカル・チャイルド育児法』や『イマジネーションの生態学』の著者と同じように、子供が有機的環境のなかで遊ぶことの大切さを説き、そういう遊びの喪失が人類を滅亡に向かわせていると憂えている。

『いのちの素顔』の著者はまず、子供が「いのちと遊ぶ」ことの決定的な重要性を強調する。「ものごころつくころの幼児にとっての自然とは」、「わがいのちと共鳴する他の生き物たちの、いのちと、たわむれ遊ぶことによって感知する生命界と天然との呼応である」。「生まれたものの心身を養い守るのは、親ではない」、「大自然界なのだ」。ところが、現在の「子どもたちはいのちと遊ぶことを知らない」。「今幼児は、大人たちが作り出した模型や映像を相手に遊ぶ」。「生き物を目にしなくなった住宅地で、いのちを相手に遊ぶことは皆無となった」。「子どもはそのからだの自然を受けとめてくれる場を持たない」。こうした生命界との呼応の欠如は「大人より幼児に残酷に影響する」。今の幼児は「いのちとひびき合うものがないから」、「絶えず欲求不満である」り、「自分の内部と外界との無関係に苦しんでいる」。

「幼児期に、人は生きることについての、本質的な問をみずから発してしまう」。幼児は「いのちの源流への問いを育てていくのだ。自分は何ものなのだろうと」、「いのちとは何だろう、と」。一九七〇年代の初めごろまで、幼児は「大人や子どもたち自身や動物などの、個体のいのちの本質について、語りかけてい」た。だが、それ以後、幼児は「社会全体が自然離れをするにつれて、いのちの不安の背後に、類としての人間界の不安を重ねつつ、幼い語りかけをするようになった」。今の幼児は「再生産が不可能なものとして、地球とか、ほろびた鳥とか、ほろびた動物とかをかぞえる。そのことで、思いおよぶのが、『人間はいつほろびるの』という問となる」。

『いのちの素顔』の著者は、五歳になる孫の祖母である自分への問いかけやつぶやきの言葉を次のように披露している。「あのね、今、地球は病気だよ。知ってる?」。「ああ、あそこ、また木を伐ってしまった。どうしてかなあ……」。「どうして伐ってしまうのかなあ。動物が困るのに……」。「なぜ、森をなくすの? 人間が困るのに」。「どうして、ドードーはほろびたの。ほろびるって、なに？／ほろびたって、うそよね。お話だね。にんげんもほろびるの？　こんど、ほろびるのは、なに？」。

しかし、このような疑問、恐れは五歳児のみがひとり抱えこんでいるのではない。『いのちの素顔』の最後を、著者はこう結んでいる。「今、すべての世代は幼少年期が感知している果てのない不安と疑問を、共にしているのだと思う」。

「泥汽車」が連れて行く先

一九六〇年代から始まった日本の開発事業は八〇年代には、開発事業が国土の景観を変貌させる開発暴走にまで至った。

「一九六〇年代・原っぱの受難」の章で高度成長前夜の六二年に初めて来日したG・マコーマックの見聞記を取り上げたが、彼は『空虚な楽園』の「土建国家の病理」の章で、その後、日本の国土を破壊していった、この開発暴走の恐るべき実態を次のように描き出している。

一九七〇年代には田中角栄の『日本列島改造論』が羽振りを利かせたが、六〇年代末から噴出してきた公害などの環境問題によって、国土開発の勢いに多少ブレーキがかかった。しかし、「一九八〇年代には、環境問題は技術で解決できるという信念が強ま」り、「大規模土木工事に対する信頼は新たな頂点を迎えた」。「自然の力や国民のニーズを無視した土木工事・公共事業優先」の傾向はさらに強まった。「高層ビルと埋め立てを中心とする八〇年代型の開発計画」によって、山が削られ、川が堰止められ、森林が伐採され、海が埋め立てられた。川の流路は直線化され、コンクリートで固められ、あるいはダムで堰止められた。このダムは土砂で塞がれ、水の保全と管理に役立つ能力は弱まる一方で、「その大半は無用の長物と化し」た。リゾート開発では、地域社会のふるさとである「公共の土地、山林、海浜が企業利潤のために民間資本により囲いこまれ」た。こうして日本の国土がずたずたに切り裂かれ、縫合されたあとに、高速道路、高速鉄道、空港、堰堤、原子力発電所などの無機的な巨大建造物が建設され、日本列島はその輪郭をコンクリートで整形された。

このような大規模な、無用な自然改造と、企業、官僚組織の腐敗とは構造的に関連している。「冷戦時代に成立した、この土建国家は、ある面では冷戦期アメリカ（あるいはソ連）の軍産複合体と似たところがある。いずれも国の富を吸い上げて効率悪く浪費し、ガン細胞のように増殖して財政危機と環境荒廃という負の遺産を残す」。なんと「日本の公共事業費は米国の国防費を上回っている」のだ。「不動産価格が上昇を続けることを前提としたプロセス」の「日本の公共事業では、絶えざる拡大が公共の利益より優先され」、「大衆に残されるものは巨額な負債と、安全でも便利でもなく、公共のニーズに合致しない社会資本なのである」。この、「いかなる代償を払っても成長を継続させることに腐心する、きわめて統合度の高い、多角的な体制」は民意から遊離し、天文学的数学の支出を生み出しながら無窮動を続ける。土木工事は、いったん開始されると、「弾みがつき、既得権益と、とどまるところを知らない、ダイナミックなプロセスを発生させてしまう」。この体制において、「政治家、建設業界、官僚組織は、利権と影響力の鉄の三角形に固く結ばれていた」。土建国家における「大規模な汚職で公共の利益を食い物にする癒着の構造」は、価格操作、贈収賄などの犯罪的な仕組みに支えられていて、「他国のマフィアに匹敵するような重荷を国家と社会に負わせている」。

国の富を公共事業に浪費する「ポトラッチ〔大盤振る舞い〕建設経済」の自己運動によって、「国の累積赤字は天文学的数字に達し」、「計画的な地域開発の失敗」と荒廃した環境という負の遺産を残した。

一九九〇年代に入ると、バブルが崩壊したにもかかわらず、開発暴走にはストップがかからなかった。「成長と開発が目的達成のための手段ではなく、自己目的化してしまう」。六〇年代から「三十年間も徹底的な変革が続いた結果、一種のめまいというか酩酊状態が生じて、何よりもまず、こんな成長をなぜ企てたのか、その行き着く先はどこなのか、といった反省が困難になってしまった」。

ここで一九九〇年代から八〇年代末に引き返して、八〇年代の開発暴走という狂気の嵐の渦中に身を置いてみる。この狂気の嵐の渦中で、一人の老小説家が開発暴走のなかで原っぱが消え失せていく過程を描いた短篇小説を発表した。老作家とは当時八十一歳だった日影丈吉であり、くだんの短篇小説とは「泥汽車」である。

「泥汽車」（八九年）は、語り手の「私」が少年期を回想するという体裁をとっている。舞台が

「東京のはじっこの町」とされている以外は、東京のどの町で、時代はいつであるといったことは明示されていない。しかし、読んでいくと、舞台が作者が生まれ育った深川のあたりで、時代背景は作者の少年期に当たる大正時代初期であることが分かってくる。

日影丈吉は種村季弘との対談「〝怪しげな家〟が息づいていた頃」で、「泥汽車」の作中に出てくる森は、「長州のお殿様が持っていた屋敷で、当時は『長州の森』と呼ばれて」おり、幕府瓦解後、そのままうっちゃらかしておいたもんだから半分自然に返っちゃった」場所をモデルにしている、と打ち明けている。「明治大正期の〝閑地〟で」の章では、永井荷風の『日和下駄』（大正四年）の、荷風が有馬侯の屋敷跡を訪れ、邸内でかつての庭園が「多年手入をせぬ処から「幽邃なる森林」と化しているのを発見して驚く場面を取り上げた。日影丈吉が大正初年の深川で親しんでいた「長州の森」も、この有馬侯の森と同様のものだったのだろう。荷風はこの有馬侯の森の前にしばしたたずんで、「何等かの新しい計画が近い中《うち》にこの森とこの雑草とを取払ってしまうだろう」と予想している。「泥汽車」では、実際に「新しい計画」が実施されて、「長州の森」は縮小していき、やがて姿を消す。種村季弘は前記の対談で、こうした推移を次のように要約している。「まだ森があって、森には妖精がいた。それがだんだん家屋に占領されてって、人間社会に取り込まれていったという、ああいう変わり方が大正時代の初めにあった」。たしかに「泥汽車」を、このように大正期における東京の景観の変貌を描いた作品として読むこともできるだろう。

しかし、「泥汽車」は決して大正時代の回顧物語にとどまるものではない。作者は大正期東京の景観の変貌に、一九六〇年代以後の東京、そして日本の景観の変貌を重ね合わせている、と私は読み取る。以下、そういう観点から「泥汽車」を読みこんでいきたい。

語り手の「私」は小学生時代、「東京のはじっこの町」に住んでいた。その時期の「私」が遊び場にしていたのは、自分が通っている小学校の校舎の裏手にある原っぱだ。ある日、「私」が年下の子供を二人連れてその原っぱに遊びに行くと、原っぱには「泥が、あつかましくいちめんにひろがっていて」、そこに四、五軒建っている空き家が泥だらけになっている。この情景を見て、「私」は「天と地がひっくり返ってしまったのかと思」えるほどの驚きに打たれる。「私」はこのとき、「世界の終りが来たのじゃないか、世界が崩れだして、自滅してしまう最初の運動が、いまはじまったところではないのか、というおそろしさ」に捉えられる。

この泥まみれの原っぱの向こうに目をやると、いつのまにか草原に線路が引かれていて、その線路を通って真っ黒な蒸気機関車がこちらへ向かってくるではないか。この機関車が原っぱの近くで停止すると、機関士が無蓋の貨車の片側をはずして、貨車が積みこんできた大量の泥を流出させる。「その無造作なやり方が私たちには、天も地もぶちこわしてしまいそうに見えたが、それは、その辺いちめんに拡がっていた金魚堀を埋立てていたのだ」。

その日以後、「私」と年下の二人の遊び仲間は毎日、汽車を見に原っぱへ通った。そして、ある日、顔馴染みとなった機関士に頼んで汽車に乗せてもらう。三人を乗せた汽車は原っぱの彼方の見馴れた土地を通過すると、いちめん草で蔽われた、無人の「何もない世界に入って行った」。「飛び去って行く世界は、いくら早い速度で変っても、いつもおなじものなのである。どんどん威勢よく変って行きながら、きまりきっていて何も変らない。／その変らないことが私には恐ろしかった。世界の形がきまりきっていることは、世界の終りという何もないところに、ちかづいているからではないのか、という気がした」。

泥汽車は「私」と二人の遊び友達を「早い速度」で、形が「きまりきっていて何も変らない」世界へと連れ去る。猛烈なスピードで進行する画一化、均等化の行き着く先は「世界の終りという何もないところ」ではないかという予想が「私」を慄然とさせる。

どこまでも続く草原がようやく尽きかけてきたと思ったら、その向こうに人っ子一人いない海岸が見えてくる。「私」はそこを「世界の果てと思った」。この海岸の波打ち際まで来たところで汽車が停まると、機関士が浜に降りていき、巨大な機械を操作して海の底から泥を掘り出し、その泥を無蓋の貨車へ運びこむ。この場面で、ある日、突然、原っぱに「あつかましく」広がってきた泥の正体がコンクリートであることが明らかになる。実際、コンクリートの材料は海底に蓄積されたもので、海辺で採取される。このコンクリートこそが、人間をこれまで取り巻いていた、多種多様なものが共存する有機的な環境を、「きまりきって何も変らない」、「いつもおなじもの」のみが存在する世界へと変え、人間を「世界の終りという何もないところ」へ追いやりつつある元凶だったのだ。

ちなみに、大正初年に、日本はコンクリートを建築用材として移入していた。夢野久作の「街頭から見た新東京の裏面」（大正十二年）によると、アメリカは「日本に鉄筋コンクリートというものを教えて呉れた」。「日本の建築界は浦賀の大砲以上に仰天した」。「日本の博士、技師、請負師なぞの歓迎ぶりと来たら大変なものであった」。もっとも、夢野久作はコンクリート建築を「博士、技師、請負師なぞ」のように大歓迎しているわけではない。彼は「丸の内に並んだ大建築」を「鉄とセメントの化け物」と呼び、そこに「暴露された鉄筋コンクリートの悲哀」を語っている。

安岡章太郎は「セメント時代の思想」（七二年）で、最近、コンクリート建築に違和感を抱くようになったと言って、次のように書いている。戦前のみならず、「戦後も、ついこの間まで私たちにとってコンクリートの建物は、堅牢なるが故に美的であり、その中に住むことは最も進化した文化生活をいとなむことだというような意識があった。つまりコンクリートは近代思想のゴンゲであるように思われた」。ところが、「私たちは鉄筋コンクリートの建造物を前にして、いつの間にか或る不吉な印象を無意識のうちにも抱くようになっているのではないか」。安岡章太郎は最近訪れたカトリック教会のコンクリート造りの建物を前にして、「建物全体が死んだように冷たくノッペラ棒の無性格な表情になって迫ってくるのであった。唯物的といえば、これほど唯物的な感じのするものはない」という感慨を抱いた。

日影丈吉は、コンクリートに対して夢野久作や安岡章太郎と同じような印象を受け、それゆえに、人類世界を終末へ導いていく無機的環境の象徴として、このコンクリートを念頭に浮かべ、それを「泥汽車」で泥として登場させたのではないか。

「私」は泥にまみれた原っぱを初めて見たとき、「世界の終りが来たのじゃないか」と疑い、泥を原っぱ近辺へ運びこんでくる泥汽車が人を「何もない世界」へと誘い出すことを恐れた。しかし、その一方で、「私」と二人の友達は汽車という近代テクノロジーの象徴には魅力を感じて、それに同乗させてもらった。「汽車が敷けたことは私たちには愉快だった。それがどんな結果になるかということは、私たちは考えなかった」。泥汽車による埋め立て工事は誰の反対も受けなかったので、その後、泥汽車は工事を推し進めた。

「海の泥で池や草原の一部を埋める仕事は、長く続いた。私の小学生のころにはじまり、かなり大きくなるまで続いたのである。埋立ての規模は、はじめに私たちが考えていたよりも、大きかった。金魚池だけでなく、何もかも埋めてしまうような結果になった。しかし埋立てが、すこしずつ進んでゆくのを、ほとんど毎日のように見ていながら、その結果がどういうことになるのか、私たちは考えてみたこともなかった。

それを計画する人たちは、私たちの眼につかないところにおり、実際に手がけて黙黙とはたらく人たちも、あまり私たちの眼に触れず、あたりまえのことのように、日日すこしずつ変って行って、相当の時間がたってから、あっと驚くように世の中が変っているのに、気がつくことになるのである」

ここで作者は、自分を含めた一九六〇年代の日本人の意識状態をふり返って語っているのではないか。六〇年代初めの日本人は現代テクノロジーの急激な発展と、それにもとづく都市開発事業に目を見張った。「博士、技師、請負師なぞ」にとどまらず、都市住民の「歓迎ぶりと来たら大変なものであった」のだ。それが、七〇年代の初めに至って、日本人は公害問題や「成長の限界」にぶつかって、それ以前は「愉快」に感じていたテクノロジーの急速な発展が自然破壊、生活破壊を引き起こしている現状に「気がつ」き、「あっと驚」いたのだ。

「私」は中学に入学したあとも、「あいかわらず原っぱへ行くのをやめなかった」。ただし、「もう年下の子供を連れて行かなくなった。一人で行った。僅かに残っているそこの自然に、一人まぎれこんでいることが、私にとって重要なことだったようだ」。汽車が海岸から運んでくる泥がその後、「何もかも埋めてしま」った結果、中学時代には、自然は小学校裏の原っぱに「僅かに残っている」状況となってしまっていたのである。泥による埋め立てがかなり進行していながら、「私」が赴く原っぱの一画には「大名屋敷の跡の森」がまだかろうじて残っていた。だが、「江戸時代から長いあいだ続いていた」その森も、「いま消え去ろうとしていた」。そして、そこに棲む、モノノケやスダマといった、「たくさんの眼に見えない存在」も「居場所を奪われようとしているのだった」。

「むかしの大きな庭の跡などは、手入れをして公園に仕立てなおすこともできたろうが、そんなことには何の考慮もはらわず、ひとつの、きめられた命令に従って、何もかも平らにして埋めてしまおうとする。海の泥で新しい土地をつくること以外には見むきもしない。何のためかは、いうまでもなかった。都市がひろがるためである。東京が無遠慮に手足を踏んばって、伸びをしだしたのだ。

私たちの遊び場だった森の運命も、もう長いことはないと私は思った。樹は刈られ池は埋められ、それも、あっという間にすんでしまうに違いなかった。池の魚も、蠑螈《いもり》も蛇も埋められてしまい、鳥も足をとめることができなくなり、蝶や虫が生きるのに必要なものは何もかも失われる。海の泥が何も知らずに、そんな殺戮をおかしたあとで、あたり一面を紫色の泥海に変え、それが乾いてかたまると、その上に道路ができ、人の住む家が立ち、電車も通ることになるのである。

こういう暴力に対して、だが誰も抵抗できなかった。森を残しておくためなら、埋立てがきまる前に、役所に申請しなければならなかったろう。申請しても、取りあげられたかどうかわからないが、おそらく、そんなことに気づく者もなかったのに違いない。誰も関心を持たなかった。久しい前から眼をつける者もなく捨てておかれ、誰にも知らされずに誇り高く存在していたが、その運命の果てが、埋め尽されて、なくなってしまうのである。

そこへは、もう遠くから鳥の群れも飛んで来なくなるし、そこに住んでいた乏しい生き物も、半分は殺されてしまった。全滅のときも、もう遠くはなかった。それればかりか、そこをすみかにしていたモノノケやスダマの類は、どこへ行けばいいのか。古くからいついた場所を棄てて、ほかへ行くことは、かれらにもできないのではないか。死なない存在だとしても、いどころがなくなれば、自然に消滅するほかないのではないか」

「私」は月の明るい夜に、「開発という名の破壊が、もうだいぶ進んでいた」あの森を一人で訪れ、その奥で「渦を巻いて燃える火のようなもの」を目撃する。それは「スダマの女たちの踊り」だったが、その踊りのさまは喜びにあふれたものではなく、ひどくぎくしゃくしていて、「スダマの女たち」が自分たちの「心の苦しみを発散させるために、やむを得ず踊っているとしか思えなかった」。「私」はこのつらそうな踊りを見てからというもの、長らく苦しむようになる。

「森に棲むものの苦痛を直接に感じてからの私は、安心して毎日をおくることが、できなくなってしまった。木のあいだ草のかげ水の中に住むものたちは、苦痛を訴える方法を知らないだろうが、そのためによけい苦しんでいるに違いなかった。モノノケやスダマさえ、そうなのだから。

そういう苦痛を、私は自分の苦しみの形で受けとった。その苦しみは日毎に増えて行くのだが、それを消す方法がなかった。どこへ届けても、何をしてくれるところもない。私自身にも、もちろん解決策はないのである」

それから森は縮小の一途をたどり、やがて消滅する。「草原に散歩に行って見ると、森は見る影もなくというより、樹ひと株なくなって、惜しいとか残念とかいうような感情のおこりようもないほどどさばさばしたものになっていた」。

森に棲んでいたモノノケやスダマは、森と運命をともにして消滅してしまったのだろうか。いや、そうではないようだ。大人となった「私」は町角である子守女を見かけ、「それが森に住んでいた者の一人だということに、ふと気がつ」く。「私」がその子守女に「みんな、どうしてるんだい」と訊くと、彼女は「みんな、どこかで生きているよ」と答えた。

このラスト・シーンで、読者はどうにか安堵の息がつける。だが、読後、ずっしりした重みをもって読者の胸に残るのは、「世界の終り」、「世界が崩れだして、自滅してしまう」、「天も地もぶちこわしてしまいそうな勢い」、「世界の終りという何もないところ」、「海の泥が何も知らずに、そんな殺戮をおかしたあとで」、「森に棲むものの苦痛」、「開発という名の破壊」といった、一九六〇年代以後の日本人を脅かす事どもである。

日影丈吉は「泥汽車」発表の二年後である一九九一年に、八十三歳で亡くなった。それから十数年が経過したが、今なお、「世界の終りという何もないところ」へ私たちを追いやりつつある「開発という名の破壊」は依然として日本全土で続いている。

Ⅱ　子供たちの遊び場の行方

昭和二十年代・「浮浪児の世代」

昭和二十年の終戦直後から昭和二十五年ごろまで、日本人は貧窮のどん底にあった。昭和二十五年に朝鮮戦争が始まると、特需景気で日本経済はなんとか持ち直してくるが、それ以前は、多くの日本人が慢性的に飢えていて、餓死者も出る、すさまじい時代であった。昭和十年代に生まれた世代は、このすさまじい時代に少年期、小学生時代を過ごした。

昭和十三年生まれの草森紳一は『子供の場所』で、自分が属する世代を「浮浪児の年代」と呼び、その命名のゆえんを次のように述べている。

「親がいても、住む家があっても、〔終戦〕当時の七つ八つの子たちの姿と行動は、みな浮浪児のようなものであった。（略）行政的管理下のもとに収容されなかったものでも、みな一種の浮浪児であった。写真にとられ、キャプションのひとつもつければ、たちまち浮浪児に扱われてしまう、そういう見てくれと振舞いをして生きていたのが、私の世代の子供たちであったような気がする」

昭和十年生まれの赤塚不二夫は『赤塚不二夫120％』で、子供のころ大阪の梅田駅で浮浪児たちの姿を見て、「その境遇に心を痛めた」と回想している。梅田駅の雑踏のなかで、浮浪児が「立っている大人の靴を磨きはじめる」。「頼みもしないのにサッと磨いて、金くれって」要求する。「すると気がついた男が、蹴っ飛ばす」。だが、それにもめげず、浮浪児は「また次の客を磨きに行く」。赤塚少年には、こうした浮浪児の行動はとても他人事と思えなかった。彼が言うところでは、「僕らの世代というのは、子供の頃、いったん極限まで追い詰められた経験があるのだ。

昭和十三年生まれの竹内泰之も「小学時代」で、こう回顧している。「同年輩の『浮浪児』を、いくらでも見ている。わずか六～七歳で親を失い、家を失い、駅の地下道などに住みついて、食べ物を求めていた彼等（略）他人ごとではない。私だって、そうなる可能性がいくらでもあったのだから」。

このような事情から、昭和十年代前半に生まれ、昭和二十年代前半に小学生時代を送った者たちを「浮浪児の世代」と呼ぶことができるだろう。この世代の一人で、昭和十二年生まれの赤瀬川原平の『戦後腹ぺこ時代のシャッター音』によれば、「ぼくの世代は」「終戦が小学三年生で」、「食べ物がなく、物がなく、どん底を知るということにおいて大変な勉強になったが、ちょっと辛すぎた」。しかし、この世代の者たちは、総じて、わが身の不運、不幸を嘆じていない。むしろ、以下のように、昭和二十年代前半の少年時代を楽しい時期として回想している。

『焼け跡』体験。何もなくなっても、家がなくなっても、人間は生きられる。楽しく生きられる。この経験は深いところで、大きいと思う」（見田宗介、昭和十二年生まれ）「こどもが生きていく環境として、ある意味で、生き残ったから言えることですが、悪くはなかったんじゃないでしょうか」。まず、「食べるものを自分で探してこなくちゃいけない」。「何しろ、獲得してるものがないんですよ。ゼロなんです。食べるものもなければ、家もなければ、なにもない。着るものもないし、裸足で歩いてるわけだから。その意味においては、みんな平等だったし、夢を共有していた」（原広司、昭和十一年生まれ）。

「戦後の子どもの歴史は、住む家なし・食べるものなし・着るものなし・本なし・ノートなし・おもちゃなし、というないないづくしのところからはじまった。何もなかったけれども、青い空があった。きれいな山河があった。昆虫も魚もうようよいた」（藤本浩之輔、昭和十三年生まれ）

昭和十一年生まれの野垣義行は『日本子どもの歴史7』で、終戦直後からしばらくの間は、子供たちは「誰からも干渉されず子どもとしての生活がもてた」ので、「考えようによっては子どもにとっては一番よい時代ではなかったか」と書いている。また、昭和十二年生まれの養老孟司も『子どもの頃、本当はこんなことを考えていた』で、「大人はそれこそ食物を手に入れるために必死で、子どもの面倒なんか見ている暇はなかった。子どもは子どもで勝手に遊んでいたから、社会の圧力というものが（略）一番なかった」と語っている。

昭和十二年生まれの阿久悠は『瀬戸内少年野球団』の「文庫版のためのあとがき」で、昭和一十年代前半は子供たちの黄金時代が現出した時代だったと言って、こう記している。
「長い歴史の中で、たった三年だけ、子供が大人より偉い時代があった。／そして、たった三年だけ、お仕着せの価値観ではなく、庶民や子供が価値観を見つけ得る時代があった。そのたった三年とは、暗黒の時代といわれている昭和21年－23年である。飢え、死に瀕していたが、生きる活力と、新しいものに出会う興奮は、今から考えるとユートピアだといえなくもない」

この時期の浮浪児まがいの子供たちは目がきらきら輝いていたという。子供はハングリーな状況に追いやられたとき、必ず目が輝く。なぜ目が輝くのかというと、興奮によって瞳孔が開くからである。「子どもと遊び研究会」編の『遊びが育てる子どもの心』は、その辺の事情を、次のように説明している。
「瞳孔は興奮状態にあるときに開きます。つまり目の輝いている子は、何らかの興奮状態にあると考えられるわけです。好奇心が触発され、何だろうと思って手を伸ばしているときの子どもの表情は真剣そのものです。そこには、明らかにわくわくするといったような興奮があります。瞳孔が開き、自然と目が潤い目が輝いてくるのです。また意欲まんまんであったり、夢や希望に満ちあふれているときなども一種の興奮状態といってよく、目が輝いてくるのです」

昭和初年代から十年代にかけて子供時代を送った者たちは、昭和四十年代以後に子供時代を過ごした者たちほどではないにせよ、進学熱を免れられなかった。宮本常一は『家郷の訓《おしえ》』（昭和十八年）で、生まれ故郷である山口県の村の子供たちの、伝え聞く近況を次のように報告している。「近頃はこうして〔子供たちが〕集まって遊ぶ風はきわめて少なくなったという。子供たちは学校での成績を争うようになってから、家のあがり口に鞄を投げ出しておいて遊びに行く者はほとんどいなくなった。それよりは少しでもよい成績を得たいと、帰って来れば静かに本をよむ子が殖えた」。

それが、終戦後には、子供たちは進学熱から解放され、学校から帰ってくると、「家のあがり口に鞄を投げ出しておいて遊びに行く者」が増えた。子供たちは住宅難のため家族でぎゅう詰めになった狭いわが家から飛び出して、焼け跡の原っぱなどで、夕暮れまで仲間たちと一緒に夢中で遊び興じた。

草森紳一の「少年よ、少年よ」によれば、当時は、遊具の「質や量は貧弱だった」が、遊びそれ自体に関しては、「子供たちにとって、日本はじまって以来といってよいほど、豊富の時だったのではないかと思われる。玩具としてあらゆる物を自ら作る余地、選択する余地、手にいれられるものに憧れる余地があ」った。戦後、「なかなか主食の米の配給はなく、かわりに家畜用の燕麦とべちゃべちゃの水っぽいさつまいも」を食べていた。しかし、「山へ行けば、野葡萄やこくわ、そして公園には桜ん坊、庭には李《すもも》、野へ行けば野いちごをとって食べることができた」。もっとも、この野食は遊びの一部で、それによって空きっ腹を満たしきることができたわけではないが。昭和二十三年、オリンピックの水泳選手だったジョニー・ワイズミューラー主演のアメリカ映画「ターザンの黄金」が封切られると、少年たちはこれを観て熱狂し、ターザンごっこをして、ターザンの雄叫びの声を真似た。「山へ行けば、思う存分、あたりを気にせず、だれが一番似ているかを仲間と競うことができた。そして、『こくわ』の木の太くて長い蔓にぶらさがり、ターザンよろしく、反動をつけて、空中を飛ぶのである」。

ターザンとターザンごっことといえば、昭和十一年生まれの横尾忠則も『コブナ少年』で、自分の小学生時代に子供たちの間で人気があった両者に言及し、こう書いている。「ターザンはおそらくぼくの最初のヒーローだった。あの鋼鉄のように照り輝いた肉体が密林の中を自由自在に飛びまわる超人的なターザンに憧れない子供はいなかったはずだ。あっちでもこっちでもターザンごっこをして遊んでいる子供がいた」。

昭和二十年代の子供たちは「昆虫も魚もうようよいた」「きれいな山河」で遊びまくった。昭和十五年生まれで、戦後は田園地帯で育った田島征三は『私の少年・少女時代』で、子供時代の山や川での遊びを次のように回想している。

「季節の移り変わりとともにまったく違った遊び場となる山や川で、われを忘れて楽しく遊び回った。特に熱中したのは、魚釣りと罠を仕掛けて鳥を捕まえる遊びだ。敗戦直後の食糧難の時代でもあり、獲物は自分たちで料理して大事に食べた。春には、泥川の川岸の壁の穴に手を入れて、蟹やゴリをとった。夏になると、素っ裸で川を泳いだ。そして秋が深まると栗や山柿などを集め、冬になると鳥とりの名人の僕らは多い日には六羽以上のツグミやヒヨドリを捕まえた」

都市部でも、昭和二十年代には、子供たちは野外で、さまざまな生き物を採（獲）って遊び回った。昭和十六年生まれの田宮裕三は「狩猟採集民の餓鬼体験」で、戦後、自分たちは縄文人さながら狩猟採集に明け暮れていたと言って、その活動ぶりを次のように書いている。

「餓鬼のぼくらが、田畑を荒らし、柿や西瓜や枇杷や栗を盗んだにしても、それは採集の民としての自然であって、泥棒ではなかった」。「盗みは、（略）狩猟・漁撈・採集の民であるぼくら、強弱優劣の世界に生きるぼくらにとっては『はたらき』だった」。「ぼくは縄文人にふさわしく、小柄で色は褐色、いつも半裸体で裸足だった。耳も歯もするどく、目はくりくりと澄んで、どこまでも見えた。食べられそうなものには、つねに目をつけて歩いた。ぼくは目をつけた木に登り、木の実や柿をもいだ。川にもぐって川魚は素手でつかみとった。（略）野原や畑を走り、竹やぶや路地にかくれた」。「ぼくたちはまた、鉄橋にぶら下がって大胆さを競った。武器は五寸釘を、汽車や電車にひかせて作った。田畑や焼跡を掘り返して宝物を探した」。「ぼくらのこういう生活文化圏、町方の空地や原っぱや焼跡や小川や村は、昭和三十年頃までは残っていて、そこは代々の子供の宇宙だった」。

昭和二十年代の子供たちは、時計では測れない、永遠につながるような遊びの時間を思う存分生ききれた点で自分たちは幸運であったと、口をそろえて語る。昭和十六年生まれの鳥山敏子は「からだの記憶」で、戦後の田園地帯での遊びの思い出をこう記している。

「塾や学力でふりおとされることなく、知恵遅れとか身体障害者とかふりわけられてしまうこともなく、みんな貧乏で、とれたものはわけ合うことが当り前だったあのころは、子どもたちにとって黄金時代だったといえる。子どもたちは小児マヒで足が不自由な子がいれば、片足だけで遊べるケンケン遊びを考え出し、それがまたうれしかったのだ」。当時は「のどかな自然の豊かな時代」で、「ゆったりとした時間が流れていた」。そうした環境で、子供たちは「めまいがするほど終わりもはじまりもない無限の時間の中にどっぷりひたることができ」、「自分のからだがひたすら無心になって遊びに挑戦している時間」、「生きていることがこんなにも愉快であることをことばをこえて体験している時」をもつことができた。

鳥山敏子は『子どもの声がきこえますか』でも、子供時代の豊かな自然のなかでの遊びを回顧して、こう述べている。子供たちは自然のなかで「遊ぶために生きているようで、一日中遊んでも足りない感じ」だった。自然は「未知のもの、こわいもの、楽しいものにあふれて」いるので、自然相手の遊びは「ワクワク、ドキドキの連続」で、「『なんだろう』と考えたり、痛い思いをしたり、ときには子どもたちのチームワークで問題を解決したりした」。

『子どもの声がきこえますか』の著者は、このようにして子供時代に遊びのなかで至福感を味わった者は、「しっかりした思考力をもちながら、いきいきとした輝く子どもの瞳がのぞいている大人になる」と言う。「自然のなかで思う存分遊んだことがあるという体験は、その後の人生ときり離されず、その体験の延長として仕事がやってくる」。「仕事は大人としての『遊び』となり、働くことが楽しい」。事実、鳥山敏子自身がそうした大人なのである。「私」は「大人になって仕事をしていても、あの川のなかで遊んでいた感覚を忘れることができない」。「あの小さいときのワクワクした感じよりつまらないものはやれない」。「いきいきと生きる感覚のレベルをさげたくなくなってしまう」。

鳥山敏子は、昭和二十年代の子供たちは小児マヒなどの身体障害者の子供とも一緒に遊んだと言っている。赤塚不二夫は『赤塚不二夫120％』で同じようなことを想起して、こう語っている。「足が悪いと、『なんだおまえ、遅いなぁ。ちゃんと歩けよ、ちゃんと』って言いながら、どこにでも連れていくし、一緒に遊ぶ」。帰り道では、その足の悪い子を、みんなでかわりばんこにおんぶしたりした。そういう子に「たまにはキツイことも言うけど、それは同等と思っているから」だった。

昭和二十年代は、「日本の子どもの歴史のなかで、珍しくエアポケットのようになっており、子どもが自由をエンジョイした時代」（『遊びが育てる子どもの心』）だったのである。

昭和三十年代前半・高度成長前夜

昭和二十年代生まれの者たちが少年時代を送ったのは、昭和二十年代末から昭和三十年代にかけてである。この時期は、戦後の復興が進み、高度経済成長が始まりかけた時代である。といっても、まだ地域社会や村は健在であった。

当時の少年たちは昭和十年代生まれの少年たちと同じく、学校の放課後には数人の仲間と一緒に原っぱや道路などで外遊びをすることができた。焼け跡は整理されたが、まだ自動車も少なく、受験ブームの前夜で、昭和二十八年に放送開始されたテレビも、昭和三十年代前半にはまだ各家庭に行き渡ってはいなかったので、少年たちは放課後には屋外で思いっきり遊ぶことができたのである。

昭和二十年代生まれの者たちのうちで一番人口が多いのは、昭和二十二年から二十五年までの間に生まれた、「ベビーブーマー」とか「団塊の世代」とか呼ばれる世代である。この世代はとにかく人数が多かったので、昭和三十年代前半には、昭和二十二年生まれの中野翠が『私の少年・少女時代』で語っている、次のような情景が日本のいたるところで見られた。「子どもの頃は、遊んでばっかり。近所に同世代の子どもがたくさんいて、近くの原っぱに行けば必ず誰かが遊んでいた。家にいても子どもの遊び声が聞こえてくるし、ドサドサッと家の庭に乱入してくる子どもたちもいた」。

昭和三十年代前半には、受験ブーム、早期教育はまだ始まっていなかった。団塊の世代が幼稚園年齢に達した昭和二十八、九年ごろは、幼稚園への就園率は二割に満たなかった。中野光の『戦後の子ども史』によると、団塊の世代の子供たちには、「まがりなりにも『遊び』が保障された。子どもどうしの自治の時間と空間もあった。大部分の子どもは学習塾や家庭教師とも無縁だった。テレビもない家庭のほうが多かった」。習い事はソロバンなどに限られ、学校の宿題の量も少なかった。彼らの小学生時代は受験熱は昂まっていなかったので、生徒にとって学業成績はさほど大きな問題ではなかった。

昭和三十年代前半には、子供たちはガキ大将を中心とした仲間集団をつくって、山野を駆けめぐり、川遊びなどに興じることができた。昭和二十年生まれで、小学生時代を千葉県松戸市で過ごした小笠原和彦は『学校はパラダイス』で、昭和三十年前後の田舎の子供たちの遊びの世界を以下のように回顧している。

「大抵の子どもたちは川で年長者から泳ぎを教えてもらい、泳げるようになっていった。何年かに一度、子どもの水死者が出たが、とりたてて騒ぐということはなかった。用水路にはメダカが泳ぎ、田圃には泥鰌やタニシがいた。（略）チャボやウサギを飼っていたが、チャボのエサは用水路にいるメダカでよかったし、ウサギのエサは野原にいくらでもあった。そういえば、ザリガニはゆでて食べた。稲穂の上を飛び跳ねていたイナゴを佃煮にしたこともある。タニシや泥鰌は夕食のおかずであった。

近所には広い空き地があって、学校がひけるとガキ大将を中心に野球や相撲に明け暮れ、一日が終わるのが惜しいように感じた。（略）いまと違って物はなかったが、自然を相手に思う存分、私たちは遊んだ。それはいまも楽しい思い出として残っている。こうした記憶は私に限らず、私の世代の多くが共有していることで、一言でいえば満ち足りた子ども時代を送った、ということになる」

「満ち足りた子ども時代」。たしかに当時の子供たちは、一九七〇年代以降の子供たちのように大人が押しつけるスケジュールに従って、急き立てられ、毎日をあくせく送ることはなかった。昭和二十三年生まれの、海の近くで生まれ育った松宮満は「少年期をめぐる光景」で、海辺で遊んだ自分の少年期をふり返って、こう記している。「時間はふんだんにあった。ぼくの内なる時間は、ゆっくりとした川の流れのように、ひたすら一方に向いてのみ流れ続けるものだった」。「毎日が〝いま〟だった。現在《いま》がすべてだった」。

小学生の生徒たちは小学校の校内でも遊んだ。昭和二十年生まれの坂田明は『瀬戸内の困ったガキ』で、昭和三十年代初めごろの小学校の放課後の校庭風景をこうスケッチしている。「そのころの学校は子どもがなにやって遊んでもよかったのだ」。「小学校の校庭は放課後は解放区となり、いろんな子どもたちがいろんなことをして遊ぶ。ガキどもが三角ベースの野球で走りまわるし、マリつきやゴム跳びをする女の子たちがキャッキャッと黄色い声をあげる」。

生徒たちが校内で遊ぶのは放課後に限られなかった。始業時間前にも休み時間にも校内で彼らは思いっきり羽根を伸ばして遊んだ。『わが世代・昭和二十九年生まれ』のなかの次のような文章を見ていただこう。「授業よりも休み時間に教室や校庭で遊ぶことの方がずっと楽しく、授業が終わると一目散に駆け出していって、短い一五分休みも、長い昼休みもめいっぱい使ってなるべく長く遊べるように一生懸命だった。／天気のいい日はもちろん校庭を駆け回り、雨の日も、力を持て余して廊下を走ったり騒いだりしては、先生に見つかり、『廊下を走るなっ！』と怒られて立たされたりした。『休み時間は一〇分程だったと思うけど、ドッジボールとか相撲とか、Sケン、陣とり、ケンパ（東京ではチンパ）、肉弾なんかよくやった（略）』」。

昭和二十四年に兵庫県で生まれた石谷二郎は『モノと子どもの戦後史』で、小学校の始業前と放課後の校庭で大勢の生徒たちがひしめき合って遊んでいた情景を次のように描いている。「朝は駆け足で家を出る」。小学校にたどりつくと、「カバンを『靴箱』の前に放り投げ、朝礼前にひと遊びだ」。「鉄棒、ブランコ、吊り輪、シーソー、ジャングルジム……校庭の南の中央にある石柱の『正門』を挟んで左右に並ぶ『遊具』は順番待ち。『朝礼台』は卓球台に、校旗・国旗の『掲揚台』は鬼ごっこのオニの見張り台に、『(二宮)金次郎の立像』は脱ぎ捨てた上着掛けに早代わり、ゴム跳び、縄跳び、けんけん相撲、達磨さん転んだ。押し競《くら》饅頭、ハンドテニス、隠れん坊、長(胴)馬、手打ち野球と、いろいろな遊びが入り乱れていた」。始業の合図があると、生徒たちは泥だらけの手足を水で洗い、遊んでいる間に軽いケガをした子は保健室で傷の手当てをしてもらう。「今度は『手洗い場』が渋滞の列、ハンカチの持ち合わせもなく、ズボンと上着がタオル代わり、しばらくは泥水で濡れたまま。擦り傷、鼻血、たんこぶ、朝の『保健室』は負傷者で満杯だ。常連は手慣れた様子でピンセットと脱脂綿で赤チン消毒、ついでに下級生の世話にと傷に沁みるヨーチンを塗ってやると、半べソが全開。『コレッ、はやく教室に戻りなさい!』、保健の先生に怒鳴られる」。

校舎の中に入ると、階段の手すりは、生徒たちの股すべりのために黒光りしている。教室に入る際は、戸を開けると、頭上から「チョークまみれの黒板拭き爆弾」が降ってくるかもしれないので要注意だ。

放課後の校庭も遊ぶ生徒たちでいっぱいになった。「場所が広くとれるから、バットを使った野球や大きいコートでのドッジボールも出来たが、それだけに陣取りをめぐるイザコザも多かった」。

昭和二十年代前半に生まれた団塊の世代の子供たちは、昭和三十年代前半の小学生時代は原っぱ、路地、水辺、小学校の校庭などで群れをなして遊んでいた。しかし、昭和二十年代後半に生まれて昭和三十年代後半に小学生時代を過ごした子供たちは、それらの遊び場の縮小を経験しなければなくなる。

一九六〇年代・高度成長下で

昭和三十年代後半（一九六〇年代前半）は、日本の子供たちが戸外でのびのびと遊ぶことができた時代の、ぎりぎり最後の時期である。

昭和二十七年に兵庫県の田園地帯で生まれた坂本卓男は『昔遊び図鑑』で、昭和三十年代後半期の、田舎での子供たちの世界を鮮やかに再現している。ここには、その後、失われてしまった子供たちの外遊びの豊饒な世界、「牧歌的である種アルカイックでさえあるような世界」が活写されている。以下しばらく、この本の叙述をたどっていきたい。

著者はこの本のあとがきで、本書を書き下ろそうと思い立ったのは、「たまたまあるイベントで中国の東北地方にある内蒙古に行った時」、そこの「過去と現代が同居する町の中で、日本人がもはや失おうとしている、あのキラキラした子どもたちの表情」を見て、「ボクたちも子どもの頃はこんな豊かな表情していた」と思ったのがきっかけだったと言っている。彼はそれに刺激を受けて、自分の小学生時代の家の外の世界をこんなふうに思い返す。

「キラキラとした別世界。……今考えると、これほど外の世界が魅力的に感じ〔られ〕た時代はなかった。家の中に閉じこもるようなことは露程も考えなかった。（略）野や山に四季を感じ、友だちがいて、道草の中に大いなる夢が膨らんだ。

山や川、神社や空地、大自然全てを遊び場にしていたボクは、ベイゴマ、ビー玉、メンコ（パッチンと呼んでいた）、三角ベース、エスケン、杉の実鉄砲やクズ弾鉄砲、チャンバラごっこ、ターザンごっこ、戦争ごっこ……と、毎日暗くなるまでやったものだ。箱メガネで覗く川の中の世界は、えも言われぬきれいな小宇宙だった。腹が減ったら山や川に行けばよかった。ヤスで捕った魚を焼いて食べ、栗や柿、アケビや山ぶどうがボクたちを待っていた。貧しい筈なのに、心は途方もなく豊かであった。（略）

（略）ケンカや怪我などは日常的にあった。親や先生に殴られることも度々あった。そして、子どもたちは遊びという小さな社会の中で主義や主張を覚え、価値観を共有し、その中にルールのあることを知った」

小学校には行ったが、学校の存在やそこでの勉強は、遊びのことばかりに気を取られている著者の心のなかではあまり大きな比重を占めていなかった。「小学校に通い始めた当初は、とにかく学校へ通う〝過程〟に魅力を感じていて」、「『今日は友だちと何をするか』とか、『明日は、何か面白いことが起きるか』などと、それのみで通っていたような気がする」。

また、「今の子どものように、家の中に閉じこもるようなことは考えもしなかった。うかうかしていると、宿題どころか、家の手伝いをさせられたり、用事をいいつかったり、兄弟の面倒を見させられるわ、ロクなことはなかったのである」。一方では、当時は親も先生も子供が家に閉じこもることを好まなかった。「『子どもは風の子』な〜んて、昔はよく親や先生に言われて、年がら年中外遊びが奨励されていた。もちろん暑い夏も雪の降る冬も例外なく。しかし、あまり外にばかりいると『勉強しろ！』と」。

小学校から家に戻る途中は、必ず道草を食った。

「学校から一歩外に出たとたん、帰り道のあらゆるところが遊び場となった。そのことを大人たちは十分に知っていて、先生や親たちからは道草と買い食いが禁じられていた。だが、女の子たちならいざ知らず、ボクらに効き目はなかった。家まで20〜30分のところを何時間も道草に精を出した」

帰り道で、道の草ではなく山ブドウの黒い実を食べた。

「校門を出ると、秋なら紅葉のパノラマがあった。ドングリや柿、栗、山ブドウなど実り豊かな自然が、ボクらを誘惑した。雑木林に入るとドングリが落ちていた。中に混じって栗もあった。イガからその実が顔を出していた。足でイガを踏み、はち切れんばかりの実を取り出した。そうなるともうイケナイ。カバンをそこから放り投げ、栗拾いに夢中になった。ポケット全てが栗で膨らんだ。それでも足りなくて上履き入れにも押し込んだ。気がつくと、どんどん森の中へ分け入っていた。山ブドウが『食べてくれ』といわんばかりに目の前にぶら下がっている。口の中が真っ黒になった。家の前まで帰り着くと、親と目が合った。その真っ黒の口が証拠となって大目玉を食らいそうになった。ところが、ポケットや上履き入れにパンパンに詰まった栗のおかげで処分保留となり釈放された」

実際に道端の草を塩をつけて食べたこともある。

「4月に入り新学期がスタートすると、袋に入れた塩をポケットに押し込んで学校へ通った。とにかくボクたちはいつもお腹をすかしていて、食べられるものは何でも食べていたのだ。道々生えているイタドリもスイバもとてもスッパイ野草だが、皮を剝いで塩をつけて食べると、それなりに美味しかった。（略）桑の実もボクたちのおやつになった」

栗や山ブドウ、イタドリやスイバなどは野に属するものだから、採取しても食べても泥棒行為とはならない。しかし、柿やスイカとなると、どこかの農家の所有物だから、もし盗んだことが分かったら咎められる。それでも、おなかをすかした子供たちはそれらを野に属するものと見たして、しばしば盗み食いした。

「子どもたちの格好の標的は柿であった。どれが渋柿で、どこどこの柿が一番甘いかも熟知していた。自分の家のものも、よその家のものも頓着せずにもいで食べた。手の届かない高さにある実は、竹竿を使って取った。（略）ときには怒鳴られ追いかけられることもあったが、それはそれでスリルがあった。田舎では、お菓子を買い与えるという習慣があまりなかったから、それら

はボクらのために用意されているもののようだった。（略）
でも、スイカ泥棒の場合は少し違った。畑になった作物を盗むのだから、立派な犯罪行為であると言えた。それでもスイカ泥棒は、江戸時代からの伝統的で、しかも痛快な遊びだった。ボクらにはアドベンチャー的な色合いが強かった。盗んだスイカは川原で冷やし、持参した包丁で切り分けて皆で食べた。そのスイカ畑の持ち主の家の子が、その中に混じっていたこともあった。現行犯でつかまれば、懲らしめのために駐在所や学校に連れていかれる可能性もあったから、つねに大胆かつ細心を旨とした」

放課後に道草を食うところから始めて、狩猟採集民やジプシーを思わせる子供たちの柿、スイカ泥棒の話に寄り道して、つい道草を食ってしまった。子供たちの遊び集団と、その集団の遊び場、遊びに目を向けよう。

「今のように便利なものもなく、金さえ出せば何でも買える時代でもなかった。み〜んな自分で作り、子どもたちは自分で遊びを考えた。その中で、コミュニケーションが生まれ『思いやる心』や逞しい『生命力』が育った」

この遊び仲間の遊びでまず挙げるべきは、近くの空き地でやった、ホームベースと一塁、二塁しかない、三角形の枠内での草野球、三角ベースである。

「小学校に入学した昭和34年、神社や空地のどこも三角ベースやビー玉遊びのガキたちで占領されていた。ボクの家の周辺にも持ち主のはっきりしない空地が至る所にあった。空地といっても雑草は生え放題。その上ゴロゴロと大きな石があちこちにあって、まともにゲームはできない。必然的にルールというものも実にいい加減なものになったが、それはそれで気にすることもなくやっていた」

二つのグループに分かれて、お互いに相手のグループの陣地を攻略するという遊びであるエスケンを、農家の庭のはじっこを転々としながら、夢中でやった。

「エスケンをやりだすと時間が止まってしまった。過激なものほど面白いもので、小学生だけならともかく、こともあろうに中学生や高校生も入ってやった。田舎の家はどこでも広い庭があった。農作業するためには絶対必要なスペースである。ネコの手も借りたいくらい忙しい収穫期に夜暗くなるまで占領するのだから、親としてはたまったものではない。案の定、大ひんしゅくをかってしまったことは言うまでもなかった。それでも『夕食』の声も聞こえないくらい熱中していた。親に怒られると、次から次へと他所の庭を渡り歩いた」

近所の空き地、農家のはじっこのほか、お寺の境内も遊び場にした。

「小さな村でも必ず神社や寺はあるものだ。ボクが小さい頃は、ガキどもがいくら騒ごうと住職に怒られたことはなかった。したがって学校の行き帰りはいつも道草の場所になった。石コロばかりで凸凹した空地と違い、門を入ると境内にはすべすべした広場があり、真ん中に玉砂利の通路がある。本堂の下は、まるで妖怪でも出そうな暗い空間が口を開けていた。そこは恐ろしい所でもあり、反面我らの楽園でもあった。ビー玉、メンコ、チャンバラはよくやったが、ボールの屋根上げだけは、お寺でするのが一番だった。ルールなんてものは殆どないが、とりあえず高くて大きな屋根が必要であった」

ボールの屋根上げとは、数人で、一人が屋根の上にボールを投げ、もう一人が落ちてくるボールを受け取り、それをふたたび屋根の上に投げると、さらにもう一人が落ちてくるボールを受けるという遊びである。お寺の境内で、お寺の屋根を使って、こんな遊びが許されていたのだ。

次は竹馬。

「今なら殆どの親が『そんな危ない遊びはやめなさい！』と言うだろうが、ボクたちがガキの頃は、そんなことを言う親など、誰一人いなかった。実際、（略）二階の窓から乗って平気で歩いていたヤツもいた。擦り傷や打撲こそしたが、骨を折るとか大怪我をした者は見たことも聞いたこともない」

当時は、川も溝《みぞ》も、まだコンクリートで固められていなかった農業用水路も、まだ水がきれいだったから、子供たちは水を相手に遊ぶことができた。

「ボクの田舎は殆どの家庭が農家であったため、周辺にはきれいな水の豊富な川や溝が至る所にあった。もちろん農業用の用水路もあったが、それ以外にも山の湧き水で自然にできたものもあった。どの水も手や笹ですくって飲めるほどきれいであった。石や土で仕切られ、透明な水の底には鮮やかな緑の水草が生え、その中を悠々と魚が泳いでいた。手の届く所にである」

「家のすぐ下のほうに川があった。だから、川遊びは毎日の日課のようなものだった」。「その頃はまだまだ魚の量も豊富で、自分たちでいろいろな川の遊び方も開発できたし、道具も自分たちで工夫したものだ」。「水も魚もイキイキしていた。素足で川に入ると魚たちが寄って来て、ツンツンと足をつっ突くのが分かったほどである」。

水といえば、子供たちは井戸端にもよく集まって遊んだ。「井戸端会議という言葉がいまでも使われるように、井戸のまわりは子どもたちにとっても大切な憩いの場だった」。

子供たちは少年探検隊を組織して人里離れた山の奥へと時折、遠征した。

「その頃ボクたち子どもは、探検とか冒険とかいうものを、強い大人になるための入り口のように考えていた。何かにつけ探検などと口に出し、山や川を徘徊する毎日であった。探検といってもその辺を散歩するような中途半端なものではない、獣道しかない原生林を何時間もかけて歩くのである。立ったままで斜面に手が届くくらいの絶壁に猪の足跡や雉子《きじ》を見たり、平地では見ることもない高山植物も珍しくはなかった。そんな険しい所を猿のように登るので生傷は絶えなかったが、どういう訳か『探検』というだけで、親は許してくれていたような気がする」

アフリカのジャングルで冒険的生活を送るターザンを真似したターザンごっこも少年探検隊の遊びの一つであった。

「ボクが育った田舎の、周辺の山々は、まだ人も足を踏み入れたことのないような原生林が至るところにあって、ジャングルとは程遠いものの、木を這うヘビがいたり、鳥の鳴き声や野生の動物の足跡があったり、それなりに臨場感を得た。ターザンごっこをするには、少しばかりの勇気が要った。最初は家の近くの柿の木の枝に縄を結び、真似事のようなことをやっていたが、それに慣れるとすぐ下見に出た。一歩間違うと谷底に落ちそうな原生林の急斜面を這うように登った。平地で見たこともない雑木に葛や蜘蛛の巣が絡まり、木の根元に鮮やかな紅てんぐ茸が生えていた。更に斜面を登っていくと、熊笹の繁った谷に湧き水のせせらぎがあった。深閑とした中にせせらぎの音のみが聞こえていた」

「東京オリンピックが終わり、東海道新幹線も開通し」ていた昭和四十年（一九六五年）ごろ、『昔遊び図鑑』の著者は中学生だった。

「後年思い起こすと、あの時点で何かが変わったという記憶があるが、ボクたち田舎の山猿には殆ど関わりのない、好景気の波に乗り始めた〔昭和〕40年代である」。たしかに「田舎の山猿」はいまだ古い世界に生きていた。「そんな時代に取り残された感のある、ボクの田舎では、〔略〕家内には厳しい習わしがあった。家長に逆らうことは絶対許されず、長男は例外なく家業を継ぎ、男尊女卑の習慣がまだまだ根強く、先祖の教えが第一とされていた」。だが、子供たちの外遊びを消滅させ、彼らの遊び文化を衰退させるような新しい世界はこの田舎にも少しずつ侵入してきて、子供たちはそれが自分たちの外遊びを廃絶させる要因となるとは気づかずに喜び迎え、それを自分たちの遊びに採り入れた。

まず自動車。「その当時はまだハンドル式のオート三輪車が主流であったが、もうもうと土煙を上げながら走るそれを見て、ボクたちは憧れテキな目で眺めていた。そして、誰が始めたのか全く記憶がないが、自動車ごっこなるものが流行っていた」。

車社会が訪れつつあった。近くにある国道がアスファルト舗装されたとき、子供たちは国道の改修工事に用いた砂を使って遊んだ。

「東京オリンピックの2年前だからボクが4年生の頃だ。その頃まだ土の地道だった国道が、やっとアスファルト舗装に改修工事が始まるということで、路肩に山積みされた砂や石がアチコナあった。今のような大型機械は殆どなく、半分は人海戦術で、現場には大勢の人夫がいた。町の人たちも駆り出されていたので顔見知りもいた。土の混じった運動場の茶色の砂と違い、真新しい砂というだけで子どもたちは集まった。大人たちに怒鳴られながらボクたちは砂取りを続けた」。

テレビ受像機の登場。「昭和30年代の中頃、ボクの田舎にも徐々にテレビが普及し始めた。村で一番の資産家である本家（ほんや…昔の村のおさのこと）が、いち早くテレビを購入したということが一瞬にして村じゅう駆け巡った。その日を境にして子どもたちの行動パターンが変わっていったのである。夕方になると本家の庭で遊ぶことが習慣になり、目当ての番組が始まると縁側からドッと、テレビの前に押し寄せた。家長がおもむろに画面の前に垂れていた幕を上げると拍手と歓声が巻き起こった」。

そして、受験ブームの到来。「中学に入学して間もなく、まるで他人事のような『受験』という言葉が飛び交い、それこそ恐怖の中で身の置き場に困ったものである。教壇に立つ教師に至っては『今日から受験が始まっていると思え』などと脅迫めいた言葉を連発した。周囲を見回すと、妙に大人びた会話が自分の頭の上を行ったり来たりし、これが同世代かと絶望的なモノが支配した」。もっとも、野遊びの天才で、いたずらっ子である著者は先生の脅しに屈しなかった。「しかし、受験に対する実感はなかったものの〝慣れ〟というものは恐ろしいもので、数週間後には教師を悩ませるほどになっていた」。

その端《はた》が子供たちの憩いの場であった井戸も、やがて上水道と電気冷蔵庫の普及によって使われなくなる。「電気冷蔵庫の出現が、あのオアシスのような夏の井戸端ライフからボクらを決定的に遠ざけてしまった」。「井戸を生活の中から失ったことは、ひとつの文化が滅びたことにも等しいと思える」。

一九六二、三年ごろ、埼玉県、神奈川県、東京都などで、「ろくむし」と呼ばれる新種の外遊びが生まれ、その後、各地に広まった。それは野球とドッジボールと鬼ごっこをミックスしたような遊びで、野球と違って狭い空き地などでも行なえる。また、中学一年生から就学前の者までの年齢幅の子供が参加できる。野球やドッジボールは無理な小さい子も、それなりに全力を出しきれた。この「ろくむし」は、須藤敏昭の『現代っ子の遊びと生活』によれば、「子どもの遊びのための諸条件が悪化していった六〇年代に、しかも、もっとも遊び環境に恵まれない地域で（だからこそなのかもしれない）発生し」た遊びなのだ。たしかに「もっとも遊び環境に恵まれない地域」「だからこそ」、「子どもの遊びのための諸条件が悪化していった六〇年代に」、子供たちは窮余、こうした遊びを発明したのである。

一九六〇年代には、道路、路地も、自動車の激増や地面のアスファルト舗装によって、子供たちの遊び場として使うことができなくなった。

かつては舗装道路というと、国道と都道府県道ぐらいで、それもコンクリート舗装が多かった。しかし、一九六四年に、第四次道路整備五カ年計画という名のもとに、簡易舗装のための国の補助事業がスタートして、道路を裏道までアスファルトで固めてしまうアスファルト舗装の工事が全国一斉に始まった。この道路のアスファルト舗装工事は、実は重化学工業の爆発的な興隆に伴って大量に排出される石油アスファルトという廃棄物の捨て場なのであった。

この石油廃棄物を用いた道路のアスファルト舗装工事によって、子供たちは遊び場の土を失った。昭和二十六年生まれの世代の一人は『わが世代・昭和二十六年生まれ』でこう書いている。自分たちは「『生まれ遅れた』ことや『土の匂いを失った』ことに最も敏感な世代」に属する。「私達の幼年期には、いたる所に戦後の残照が転がっていたものだが、私達の成長とともに土の香りは、堅固なコンクリートに変貌していく」。土の道路がアスファルト舗装されていき、「それまで、道路で、クギさしや、字かくしやいろんな遊びができたのに、みんなできなくなり、ロウセキで白い線をひいてできる遊びだけになってしまった」。

『わが世代・昭和三十五年生まれ』のなかで大橋道男は、一九六八年ごろに自分の家の近辺の遊び場の地面がアスファルトやコンクリートに覆われたために、そこが自分たちの遊び場と感じられなくなっていったと述懐している。

「ボクが以前に住んでいた家の前の坂道は、ボクが幼稚園に通っていた頃はデコボコの砂利道で、ダンプ〔カー〕が通る度にモウモウと砂埃を舞い上げ、雨が降れば降ったで、あちこちに大きな水たまりをつくり、とかくボクたち周辺住民を悩ませていた」。しかし、この坂道は小学二年のときにアスファルトで舗装された。「『もう自転車をこいでいても、デコボコにハンドルをとられて転ぶ必要はないんだ』『もう学校帰りに、ダンプに水たまりに水を浴びせられる必要はないんだ』と嬉しく思う反面で何故だか『もうこの坂道はボクたちの場所ではなくなったんだ』と感じて、とても寂しく思ったりしたものだ。／それ以来、ボクたちはその坂道には寄りつかなくなった。アスファルトのどす黒い光沢には、ボクたちを寄せつけない威厳があったのかも知れない。／だいたいこの頃だった。ボクたちの遊び場が、黒いアスファルトと灰色でザラザラしたコンクリートで塗りつぶされ始めたのは」。「防空壕のあった崖にはコンクリートがうたれて、ボクたちの『かくれ家』は跡形もなくなったし、虫を採ったりして遊んだ段々畑や野原は地ならしされて、キチンと区画された住宅地や団地に変わった。ボクはなんだか、自分の回りの空間が狭められていくように感じた」。

このアスファルトで舗装した道路に、裏道まで自動車が走りこんできて、道路は子供たちにとって危険な場所となった。自動車は初めは表通りを走っていたが、自動車数が増えて表通りの交通規制が厳しくなると、住宅地域に回りこんでくる車が多くなって、裏通りでの子供の事故が頻発するに至った。子供が遊べるぐらい交通量の少ないところも、車はそういう場所ではスピードを上げるので安全とはいえなくなった。

学校は一九六〇年代半ば以後、生徒たちの活動を厳重に管理するようになった。六四年に小学校で女の子が殺される事件が起きたが、このとき、学校側が初めて賠償責任を問われた。それに懲りて、以後、小学校は、放課後には校門を閉じて生徒を校外に絞め出し、また、生徒が校内で危険なことをするのを禁じるようになった。さらに、子供たちの放課後の校外活動をも規制しはじめ、「校区外に行ってはいけません」などの禁止令を発した。「一度その方向へ転がり出すと止まらなくなり、あれも危ないこれも危ないと、際限なく禁止事項が増えていい」(『遊びが育てる子どもの心』)ったのである。こうして、子供たちは校内のみならず、校外でも手足を縛られたようになり、ほとんど何もできないような状態に追いこまれていった。

一九六〇年代前半には、それまで木造建築の多かった学校の建物のコンクリート化が進み、生徒たちは無機質でのっぺらぼうな、監獄や病院と区別のつかないようなコンクリートの箱のなかに閉じこめられた。それまで開放的であった学校の校庭は高い塀で囲われるようになり、休日には門に錠がかけられ、校庭に立ち入ることができなくなった。

小学校は生徒たちがメンコやビー玉で遊ぶことを賭博と見なして排除しはじめた。一九六五年の時点で全国の小学校の八割がメンコ、ビー玉を禁止したり、規制を設けたりした。小学校は、生徒が放課後、寄り道をすることも、事故を起こしやすく危険という理由で禁止した。

当時の生徒たちは、このような学校による生徒たちの遊びへの規制、管理に体で反発し、無意識的な抗議行動に出た。昭和二十六年生まれの秋山敏秀は「遊ばされはじめた遊び」で、小学校の高学年の時期にその種の抗議行動を行なったことに触れて、次のように回想している。

自分の通っている小学校が野球チームを組み、他のある小学校の野球チームと、その小学校の校庭で対戦をすることを示し合わせた。ところが、この対戦はその小学校の宿直の先生によって試合寸前に中止させられた。それ以来、野球チームのメンバーの抑えつけられた遊びの欲求は内攻し、学校内でいたずらという形で発露された。

「わたしたち野球友達はあまり熱心に野球をしなくなって、学校では自習時間に体育館の屋根に全員でよじ登ったり、校庭の理科園の隅に掘立て小屋をつくったり、校庭から塀の外へ出るための地下道を掘ったり、あげくの果ては校庭に担任の先生のお墓をつくったりと、悪さの限りを尽して職員会議沙汰をひきおこしては、女の先生を泣かせることがひんぱんになった」

戦後の日本ではテレビ放送は昭和二十八年に開始されたが、発売当初、テレビ受像機は七十万円、今の貨幣価値でいうと一千万円もする高額商品だった。そのころ、街頭テレビの前に人々が群がったのは、テレビがそのような高嶺の花だったからである。しかし、テレビは年を追って価額が下がっていき、それとともにテレビを購入する家が増えていった。そして、一九六二年（昭和三十七年）には、テレビの受信契約台数は一千万台に達し、テレビを置いた家は二世帯に一軒の割合となった。

テレビ受像機が普及しだした一九五七年（昭和三十二年）ごろから、テレビを見ることが子供の遊びの中心を占めはじめた。「テレビっ子」の誕生である。加太こうじの『下町で遊んだ頃』によると、当時、「職人の父が家で仕事をしているという家庭が少なくなった」。「サラリーマンである父は家にいない。子どもは家にいてもうるさがられないようになった」。家にいる母親は、子供が家の中でおとなしくテレビを見ていれば安心した。こうして「昭和三十三年頃から三十八年頃へかけて、テレビに親しみ、それがないと気が抜けたようになって、何をして遊んでいいかわからない子どもがふえた」。

屋外での遊びでは、子供たちは誰かの命令や指示に従うのではなく、自分たちの意思で選択し、判断し、修正し、決定する。そうした自主的な意思による活動のなかで多くの学習が成立するがゆえに、戸外での遊びは豊かな遊びである。一方、テレビの視聴は暇つぶし的な活動であり、貧しい遊びというほかない。この遊びでは、子供の自発性、自主的な意思は萎縮させられ、子供は学習の機会を奪われ、心の成長を妨げられる。いや、遊びが何らかの能動性を含むとすれば、テレビの視聴は消費活動とはいえても、遊びとはいえないのかもしれない。

子供たちはテレビの出現以前に、活字本、マンガ本を読んだり、ラジオを聴いたりしていた。しかし、それらのメディアは、コンタクトの量や質からいって、子供たちの地域での遊び文化を根底から揺るがすものではなかった。ところが、テレビは子供たちの遊び文化に決定的な変化、変質をもたらした。テレビ漬けになった子供たちは、戸外で活発に遊ぶ意欲を失っていった。一九六八年刊行の『明治百年の児童史』で唐沢富太郎は、六〇年代に起こった、そういう変化を次のように記している。

「テレビの侵入によって、子どもの社会生活時間が減少したことはたしかである。子どもたちは、子ども同志で遊ぶことを少なくし、それをテレビの映像との交渉に時間をふり向けている。すなわちテレビによって子どもたちは社会的な孤立を深めているということができるのである。かつて行なわれた子どもの遊戯は失われ、子どもたちは、コマを回さず、タコをあげず、テレビに映るものを受けとっていることだけが生活である。児童文化といわれるものは、児童自身の中からは消滅して行き、それに代る映像の中に間接的に生きていくことになった」

昭和二十六年生まれの内田隆平は「テレビ狂いの日々」で、小学一年生ごろからテレビを観始め、中学半ばまでテレビ漬けになっていた自分たちの世代は、テレビっ子のさきがけであると言っている。彼は小学時代から中学時代にかけて、毎日、家に帰ってくると、テレビを何時間も夢中になって観ていたし、日曜日などは視聴時間は十時間を超えていた。

「テレビの世界は、珍しいものがつまっていたし、情報の宝庫だった」。「身のまわりの出来事や、自分の生活などより、テレビの方がよほどおもしろいんじゃないかと、本当に思っていた」。当時の自分は「テレビの番組にあわせて僕の生活を組み立てていた」。

彼は、このテレビ漬けによって、実体験ではなく代理体験、擬似体験で満足するような受け身で無気力な人間に自分がなってしまったのではないか、と自省している。「マンガに続いて、七歳にしてすでに現実よりも、虚構のおもしろさにむしばまれていたといえる。あのころ、外で遊ぶのがおもしろかった。しかし、石ケリみたいな単純な肉体遊戯より、テレビのほうがもっと複雑でおもしろかった。すでに現実剝離がはじまっていたのだ」。「現実感覚の無限拡大と喪失がおこっていたようだ」。「テレビは、ゴロゴロしながらしかみることができないし、ズルズルと際限もなくみてしまう。生活の実際の時間はのっぺらぼうになり、心の傾向は受け身になってしまうようだ」。自分は「現実には何もしない人間になってしまった」。

一九六〇年代には、子供たちはテレビ漬けになって、戸外で独楽を回したり、凧を揚げたり、石蹴りをしたりしなくなったばかりではない。テレビと大手菓子メーカーとマンガ週刊誌との、三者の連係プレーによって、子供たちは、自分たちでつくり上げていた、駄菓子屋と貸本屋と紙芝居とからなる、マイナーな路地裏の世界から、メジャーな表通りや、テレビのある居間へ引っぱり出された。

斎藤次郎は『放課後の子どもたち』で、一九六三年という年を、子供文化の大変貌が始まった年として注目している。この年の一月に国産テレビ・アニメーションの第一作、手塚治虫の「鉄腕アトム」が放映を開始した。お茶の間のＰＴＡママを刺激しないようにと数あるマンガから慎重に選び抜いた「鉄腕アトム」は高視聴率をとり、以後、横山光輝の「鉄人28号」などの後続のアニメ番組がブラウン管に登場して、テレビアニメ・ブームが起こった。同年にはまた、「少年キング」をはじめ少年マンガ週刊誌が三誌創刊され、既刊の「少年サンデー」、「少年マガジン」と合わせて少年マンガ週刊誌が五誌そろうことになる。こうしたテレビアニメ・ブームと少年マンガ週刊誌の刊行ラッシュという、少年マンガのマスメディアへの進出によって、月刊マンガ誌と貸本屋マンガとは急速に衰退していく。斎藤次郎の『子ども漫画の世界』によれば、この「上からの漫画ブーム」は、いわば「夢のデパート商法」であった。それは、これまで親や教師からは隠されていた、子供たちの「秘密のウラ文化」、「漫画を核とした子ども文化のローカリティを解体し、それらの全体をおとなの管理体制の枠内にくみこ」んでいった。

高度成長下の好景気で、子供たちの小遣いの額は増加し、支払い法も日払い方式から週決め、月決め方式に切り換わった。すると、大手菓子メーカーはその増額した子供たちの小遣いを狙って安価なお菓子を開発し、大量生産体制に入って、競争を激化させた。メーカーは子供たちにその安価なお菓子を買わせようとして、「鉄腕アトム」は明治製菓、「鉄人28号」は江崎グリコ、藤子不二雄の「オバケのQ太郎」は不二家というふうに、テレビのアニメ番組のスポンサーとなり、番組のなかでお菓子のコマーシャルを流した。子供たちはこのＣＭに魅せられて、チョコレートなどの大手メーカーのお菓子を表通りのパン屋で買い求めるようになった。お菓子にはおまけが付いていて、子供たちは駄菓子屋のあてものよりもそちらに惹きつけられ、おまけ集めに夢中となった。「テレビでどんなに人気を呼んでも『鉄腕アトム』を真似たアトムごっこ、『狼少年ケン』にヒントを得た冒険ごっこは流行せず、子どもたちは、アトムシールの入っている明治マーブルチョコや、カード付きの森永ケンキャラメルをほしがった。鉄人ワッペン付きの『鉄人28号』チョコが登場するに及んで、おまけ集めは子どもたちの遊びの基底部分に定着する」（斎藤次郎『『少年ジャンプ』の時代』）。

大手菓子メーカーのこうしたコマーシャル作戦は子供たちの心を捉え、路地裏の駄菓子屋に致命的な打撃を与え、駄菓子屋は次々と廃業していった。そして、路地裏に店を構える貸本屋も、路地裏を定期的に訪れる紙芝居も、全国ネット化が進行中のテレビアニメと、講談社、小学館など大手出版社の刊行する大部数のマンガ週刊誌に挟撃されて潰れていった。

零細な小商人の経営する駄菓子屋、貸本屋、紙芝居は、大人社会から相対的に独立した子供社会の、路地裏での拠点であった。駄菓子屋は子供たちの外遊びの遊具を提供する店であり、子供たちが外遊びをするために落ち合う場所である。貸本屋や紙芝居は、子供たちの外遊びを盛り上げる想像力を充電する場所である。しかし子供たちは、無料で見られるテレビのアニメやコマーシャルに眩惑されて、こうした路地裏の遊びの拠点から表通りへ大移動を開始し、大人たちの間に立ち混じるようになった。「表通りには、子どもたちがなんとなく集まり、情報を交換し、新しい遊びを発明するためのごくわずかな空間も、すでに残されていなかった」(斎藤次郎『子ども漫画の世界』)。そして子供たちは、大人たちから独立して独自につくり上げていた拠点を放棄してしまった。

企業は子供を顧客、主役として扱い、子供を中心とする家庭の生活を大衆消費体制へ巻きこんでいった。「資本の論理は、一挙に、無前提に、子どもは『一人前』だと宣言した」(斎藤次郎『子どもたちの現在』)。「一人前」とは、生産者としてではなく、消費者として一人前だという意味である。この宣言に従って、子供たちは子供産業の巨大なマーケットに消費者として組み込まれて、自分たちの独自の居場所を失ったのである。「消費社会の論理はおとなと子どもとの境界を消し去り、子どもの『遊ぶ生活』はほぼ完全に消費資本主義に包摂されてしまった」。一九六〇年代は「子ども文化の自己解体の時代」(前掲書)であった。

かつては子供社会と大人社会とは価値観を異にしていた。子供たちは大人たちが軽視する隙間へ入りこんで、そこを自分たちの遊び場とし、大人たちが不要品として捨てたものを秘蔵の宝物と見なして、それを遊具として遊んだ。子供たちは、大人たちが貴重品として大事にするもののどこがよいのか分からなかった。一方、大人たちの目には、子供たちの宝物はガラクタにしか見えなかった。ところが、一九六〇年代に子供たちが消費者と化して大人たちの土俵に上がるや、子供たちは大人たちの価値観に従いはじめ、大人たちも子供たちの価値観を受け入れるようになった。大人たちは子供たちにとって値打ちのあるものに、それなりの意義を認めだし、大人たちに不要なものは子供たちの目にもガラクタに映りはじめた。かつて大人たちが不要品として捨てたものを宝物扱いしていた子供たちは、いまやその不要品には見向きもしないようになった。

一九六〇年代に子供たちは、原っぱや道路といった遊び場を奪われ、駄菓子屋、貸本屋、紙芝居屋といった路地裏の拠点を放棄して、テレビの映像に夢中になって一人で室内に閉じこもるようになった。そして、それとともに進学熱に巻きこまれて、以前は遊びの時間であった放課後を自宅で受験勉強をして過ごさねばならなくなる。子供たちをこの進学熱に巻きこんでいったのは親たちである。この時期、親たちの子供たちへの期待の内容が変わっていったのである。

深谷昌志・和子の『遊びと勉強』によれば、「かつてのおとなたちは、自らが生きることに追われて多忙であったから、子どもたちの生活には、ある種の無関心とある種の信頼感（子どもたちが遊びの中で自発的に学び、個性を作り出す過程についての）に支えられて、これに近寄ろうとしなかった気配がある」。大人たちは子供たちに自由時間を与えて、子供たちが遊び集団のなかで心身を成長させていくのを気長に待ちつづけた。しかし、高度成長期に入ると、大人たちはそうした待ちの態勢をやめて、子供たちを促成栽培しようとしはじめる。そのため、子供たちは早くから保育園や幼稚園へ預けられ、早期教育と称して、小学生は学習塾やけいこ事へ通わせられるようになった。

この早期教育を熱心に後押ししたのは母親たちである。彼女たちは「教育ママ」と呼ばれた。加太こうじは『下町で遊んだ頃』で、この教育ママに積極的に後押しされて子供たちが受験体制に組みこまれていく経過を次のように記している。

「進学ブームは昭和三十年頃からはじまった。有名な高校、大学のコースを進ませて大企業や官庁に就職させて、わが子の一生を無事安泰にすごさせようとする母親がふえたことによっている」。「進学ブームの中心は、いわゆる教育ママだが、彼女たちは、小学校時代から将来にそなえての学習を子どもたちにさせることにつとめた。それゆえ、子どもたちは、塾へいったり、家庭教師がくる時間の余暇に遊ぶようになった」。子供たちは「大企業中心の社会においては、何よりも学習が大切だとされる風潮のなかに置かれた。それゆえ、遊ぶことよりも学習塾などへいくことのほうが、子どもにとって大切なことと思われだした。それで、都市での多くの子どもは学校から帰ってくると、学習塾へいくとか、家庭教師につくとかの、進学への準備を日課にするようになった」。

「学習中心に放課後の子どもの生活が考えられるようになると、何時に塾へいくとか、何時に家庭教師がくるとか、進学を自然のなりゆき以外には考えない家庭の子とそうでない子とか、おのおのの条件によって、遊ぶ仲間が作られるようになった。それゆえ、遊び仲間の大集団がなくなって、同条件の子どもだけの少数の集団で遊ぶようになった」。以前は「小学校六年生と二、三年生とが一団になって遊ぶことがあったし、門や塀のある家の子と、アパート住まいの子もいっしょに遊んだ」。しかし、そのような地域の子供の遊び集団は消え失せた。

子供が外で遊ぶ機会も、塾が始まる前や、終わってからのほんの短い時間しかなかった。しかも、遊ぶ時間のスケジュールが「同年輩の子どもでなくては一致しにくい。従って、近所の五、六人が遊べばいいほうで、少ないグループで遊ぶようになった」。

また、母親が自分の目が届く自宅の周囲でわが子を遊ばせたがるようになったので、子供は遠出の冒険を企てることができなくなった。「電気釜、電気掃除機、電気洗濯機その他が、主婦が家事にかかわっている時間を少なくした。それは、子供にかかわる時間をふやしたことになる」。「母親が、電化生活とインスタント食品と小人数の家庭が多くなったことによる余暇の増加から、子どもに対する関心を高めるようになって、常に子どもを監視するようになった」。「母親が、道路へでると自動車がくるから危いよとか、塀にのぼってはいけません、落ちたらどうするのとか、駄菓子屋へいって不衛生なものを買ってこなくても家におやつがありますとか、ことごとにこまかく注意する」。

一九六〇年代に出現した、この教育ママの活動については、唐沢富太郎が『明治百年の児童史』（六八年）で、その内情を見極めて、次のように書いている。

教育ママとは「最初は子どもの教育に極めて熱心というより、異常なまでに熱中している一部の母親に、賞賛と多少の皮肉をもこめて称したものであったが、ここ数年の間にそれが全部の母親の間に及んでしまった観がある。今ではむしろ〝教育ママ〟の範疇にはいらない母親の方が珍しいくらいである」。教育ママ同士は互いに自分の子供の受験競争をめぐって張り合い、火花を散らす。「子ども同志は何とも思っていないのに、親の方が旺盛なライバル意識にかりたてられてい」るのだ。

教育ママのこうした異様なまでの教育熱心には世代的背景がある。彼女たちは現在、三、四十代で、戦中派であり、「戦争中に、あらゆる辛酸をなめた人たち」である。「きたえられているからファイトがあり、意気盛んでたくましい。子どものいい加減な勉強態度ではなまぬるくて見ていられない思いにかられるのである。それに加えるにこの人たちの学校時代は、空襲よ、食糧増産よ、勤労奉仕よと、満足に勉強を習っていない世代である。そのために学問に対する郷愁のようなものを強くいだいているのである」。

学生時代に「満足に勉強を習っていない世代」の、「学問に対する郷愁」をいだいている猛女たちが、子供たちの生活スケジュールを遊び中心から勉強中心に組み替えて、子供たちを管理しはじめたのだ。こうした猛女たちの一人の意気込みの激しさに驚いた岡潔は『春宵十話』で、子供を彼女の支配から守ろうとして、こう書いた。

「どうもこの人は子供の時間を残りなく何かで塗りつぶさなくてはいけないと思っているらしい。しかし人は壁の中に住んでいるのではなくって、すき間に住んでいるのです。むしろ、すき間でこそ成長するのです。だから大脳を熱くするのを短くし、すき間を長くしなければとうてい智力が働くことはできないと思われます」

獅子文六も、子供がそこで成長する隙間を塗りつぶして、子供を「壁の中」に住まわせ、「大脳を熱く」させようとする、当今の進学熱・受験ブームに異常さを感じた者の一人である。彼は、子供たちが放課後、学校から宿題を家に持ち帰らされて遊ぶ暇がなくなってきているのを見て、「子供を救え」（六五年）で、次のように疑念を呈している。

「宿題を山のように背負わせて、家に帰ってそれを消化するためには、子供はすぐに勉強を始め、夕飯を食べたら、また机に向い、十時、十一時まで、眠ることができない。大学生の試験勉強と変らない。（略）／十歳にも充たない時分から、子供に、そんな勉強を強いる、何の必要があるのか。刻苦精励に堪える小国民でも、養成しようというのか。頭脳のスパルタ教育が始まったりか。過度な勉強をさせたって、頭脳優秀な少年ができるかどうか、疑問であるが、それより前に、義務教育がそのような主義で行われていいものかどうか」

獅子文六は小学生たちの自宅での猛烈な勉強ぶりを見て、大人たちが子供たちから遊ぶ時間を取り上げたことを憤る。「子供に災いを及ぼしてはならない」。「野原や公園で、駆け回りたいだろう。ボールも、投げたいだろう。チャンバラも、やってみたいだろう。そうやって、〝遊ぶ〟ことで、子供は、体や心を伸ばしていくのである。（略）〝遊ぶ〟ことが、血となり、肉となるのである。それを封じる権利が、誰にあるか」。

しかし、岡潔や獅子文六がこのように抗議の声をあげたにもかかわらず、これまで隙間で生きてきた子供たちは遊ぶことを封じられ、「壁の中」に住まわせられるという災いを免れることができなかった。

戦後、住宅難ははなはだしく、子供たちのほとんどは狭い家で両親や数多くの兄弟姉妹と一緒に住んでいて、宿題をする際に用いる、みかん箱の小さな机の周りだけが自分のスペースだった。ところが、一九六〇年代に入ると、建設ブームが起こって住宅難が解消されたこともあって、受験勉強に集中するための特別な子供部屋、勉強部屋がつくられる。

一九六〇年代には、家の中に新たに子供部屋がつくられていくのと並行して、納戸、階段の奥、廊下の隅、縁の下、屋根裏といった、家のなかで子供たちが遊び場に用いていた空間が失われていった。

一九五〇年代までは、子供たちは空き地や道路など戸外で遊んだばかりではなく、家のなかの片隅、隙間でも遊んだ。E・S・モースは『日本その日その日』で、明治時代の日本の家の内部をこうスケッチしている。「彼らの家は簡素で、引っぱるとちぎれるようなものも、蹴つまずくと転がるような家具もなく、また、ここへ来てはいけないとか、これにさわるなとか、着物に気をつけるんだよとか、しょっちゅうやかましく言われることもない」。五〇年代までは、たいていの家の中はこんなふうだった。そうした室内で、昼間、大人たちが出払っている間は、子供たちは家全体を子供部屋として遊ぶことができた。

仙田満も『こどものあそび環境』で、その点に言及して、次のように述べている。

「かつて日本の家は、たたみとふすまと障子、押入れという可変物でかつものの少ない広々とした空間であり、それは、こども達にとって、どこでも自由にあそべる空間であった。小さい家であればあるほど、そうだったように思う」。「かつてはどんな小さな家でも一坪位の玄関があり、土間があった。廊下、縁側はこども達のかっこうのあそび場であった。お手玉の場所でもあった。そして家は小さくとも（一五坪位で七人家族で暮らしているなどというのが平均的な庶民の暮らしだった）全部が畳敷きで、たんす以外には家具もなく、すもうをとったり、ふざけっこをしたりすることが安心してできた」。「たとえば、雨の日曜日、友達がたずねてきたとしよう。私のこども時代のことを考えると、まず将棋があった。最初は静かにあそんでいる。次に土間でベーゴマかメンコだ、そのうち、チャンバラごっこをする。先生と生徒のまねごと、学校ごっこ、体操の時間になる、すもうをやる。そのうち隠れんぼをやる。家の中でカンケリをやるというふうにだんだんエスカレートして、ふすまをやぶり、障子をやぶって、おふくろにおこられてThe Endというプロセスだったような気がする。私の家は一五坪たらずの小さな家であったが、それでもいろいろなことができた。押入れ、便所、土間、ふすま、物置等がかくれ場所を与えてくれたし、たたみは柔らかいリングや土俵になった」。

子供たちにとっては、自分の家は、駆け回ったりできる屋内体育館であり、彫刻刀で傷つけても接着剤がくっついても怒られない工作場であり、隠れがあちこちにある場所であり、ごっこ遊びのための舞台であった。『こどものあそび環境』の著者は、子供たちのごっこ遊びのための舞台は「階段・縁側・庭・土間・広い玄関・屋根・屋上・縁の下など、内部空間と外部空間との接点的空間が多い」とも指摘する。この、家の内と外との「接点的空間」のうち、縁側でどんな遊びが展開されたか。秋山正美は「ガキ大将はどこへ行った」で、その情景を想起して、こう語る。「わが家の縁側は、四季を通じて、大人と子どもの交流の場になっていた」。「男の子たちは、縁側を基地として、紙の飛行機やしゃぼん玉を飛ばした」。「近所のおじさんやおばさんも、縁側という日当たりのいい『社交場』に姿を見せ、子どもたちのために、こわれたブリキの自動車にバンソウコウを張ってくれたりしたものだった」。

しかし、一九六〇年代には、この大人と子供の「社交場」であった縁側をはじめ、土間、縁の下、大きな玄関などが、洋式住宅の普及によって消え失せていった。そして、室内のほとんどがダイニング・テーブル、応接セット、ベッド、机などの据え置きの洋式家具によって占領され、子供たちはかつてと違って室内で自由にころげ回ることができなくなった。押し入れのほとんどない2DKの狭い部屋のなかは、ガス器具や電気製品など、子供たちにとって危険なものであふれ、家の中での事故が多発したため、母親は子供たちの行動を厳しく規制するようになった。子供たちは子供部屋を与えられ、そこに追いやられ、閉じこめられた。子供たちの遊びの空間は、家全体から子供部屋へと狭められてしまったのである。『こどものあそび環境』によれば、「こども部屋をつくり、こども達はこども部屋であそべばよいという考えは、都市に公園をつくり、こどもは公園だけであそべばよいという考え方と同じである」。たしかに子供たちは六〇年代には、戸外では空き地、道路などの遊び場を失った代償として児童公園を与えられ、戸内では家全体という遊び場を失った代償として子供部屋を与えられたのである。

子供部屋で子供たちは宿題をし、受験勉強をするとともに、最新式のおもちゃを用いて、一人あるいは兄弟と一緒に遊ぶ。かつて野外で遊んでいた子供たちは、そこで見かけた自然物を加工して、それを遊具にして、全身を動かして遊んだ。玩具を親から買い与えられることもあったが、それは木製の粗末なものであった。一方、室内に閉じこもった一九六〇年代の子供たちは、プラスチック素材の、精巧にできた、既成品の玩具で、手のほか、自分の体をあまり動かさずに遊んだ。

加太こうじは『下町で遊んだ頃』で、昔の自然物を用いた玩具と、一九六〇年代以降の人工玩具とを比較して、両者の違いについて次のように語っている。

「今の玩具は、たいがいが本当らしくできている。自動車は本物を小さくしたようでリモートコントロールで走る。人形は人間の肌によく似た感じの合成樹脂製の肌で、頭髪も人間に近い感じである。かつての不格好な木製の、『ブウー、ブウー』などといいながら手で動かして走っているつもりでいた自動車や、粗末な布で、からだにはカンナ屑のようなものがつまっていた人形とは、まるっきりちがう。

今の玩具はミニチュアで収集に適しているが、子どもが空想を託して遊ぶには不向きである。

昔の玩具は、粗末だったが、それゆえに、子どもたちは、さまざまな空想を託して遊ぶことができた。不完全なところが多かったから、それを想像で埋めたのである。どちらが、子どもの情緒をゆたかにつちかうかは、いうまでもないだろう」

一九六〇年代に子供たちに与えられた、最新の人工玩具は、子供たちから創意工夫の喜びを奪う働きをした。唐沢富太郎の『明治百年の児童史』によれば、「子どもたちは精巧をきわめた玩具を手にすることができるようになったが、それはすぐに飽きられてつぎの玩具を求めるという順序になっている。いかにそれを追いかけていっても、子どもには不満が残るのであるが、それは、かつて子どもの世界にあった創造的なよろこびを伴っていないからである。安易な完成品を与えられるだけなのである。竹を切って笛を作り、木を削ってコマを作るというよろこびを失わせられてしまった」。

中田幸平は『野の玩具』で、昨今、「遊びが企業化し、玩具はますます高級化し、年を追うごとにメカニックになった」が、そうした高級でメカニカルな玩具よりも「駄菓子屋の玩具の方がすぐれている」と言い切っている。駄菓子屋の玩具は「安っぽい、こわれやすい」。しかし、それは「こわしてもだれにも叱られず、しかも新しい発見を得ることができた」。駄菓子屋の玩具は「想像の余地を残した単純な玩具であるだけに、子どもの創造力を育ててきた」。

鳥山敏子は「からだの記憶」で、昔の子供は野のいたるところに存在する自然物を遊具にしたので、人工の玩具には見向きもしなかったと言っている。「おもちゃなど買う必要はなく、花や木や草はみんなおもちゃになった」。「自然という対象物を具体的によく観察し、特徴をとらえ、手足、指、全身をつかって遊び道具にしてしまうみごとさ。あっという間に笛や楽器、芋人形、首飾り、鉄砲、風船、風車、提灯、笹舟がうまれ、それがまた遊具になる手ごたえ」。これらの「花や木や草」の遊具は「不燃物などのゴミにもならず、こわれれば自然にもどりまたすぐつくればいいいものばかりだった。新聞紙や雑誌は貴重で、美しい花びらで押し花をつくるものになったり、袋づくりにもつかい、紙鉄砲や虫かごにもなった」。

しかし、大量生産、大量消費の消費社会に生きることになった一九六〇年代の子供たちは、高級化したメカニカルな玩具を与えられ、野の子供たちの、右のような「みごとさ」、「手ごたえ」、幸福を失わねばならなかった。

かつて手作りの粗末な遊具で遊んでいて、一九六〇年代には大人になっていた世代の人たちは、現在の子供たちはおもちゃで遊んでいるのではなく、おもちゃに遊ばされているのだ、と異口同音に嘆いている。

「最近の高級化されたおもちゃ遊びは、遊ぶというよりも、おもちゃに人間が遊ばされ、人間が遊ぶのではなく、おもちゃが遊んでいるのを、人間が傍観しているのにすぎないという感じさえする」（半沢敏郎『童遊文化史』）

「次々と増えていく玩具が、おもちゃ箱にはいりきらず、廊下の隅や床の間にわんさと積みあげてある」。祖父母や親類の人が来るたびにプレゼントされたおもちゃが使いきることなく山積みになっているのだ。「遊びの中でおもちゃを使いこなすのではなく、おもちゃに使われる状態に陥る時、子どもたちは玩具世界からも疎外されることになる」(藤本浩之輔「子どもと遊び」)。

「現代のおもちゃは、説明書のとおりにしか使用することができない。子どもたちは、機械に遊ばせてもらっているだけであり、遊んでいるのではない」。昔の子供には「器物を好奇心を〔の〕おもむくままに壊しておいて、自分なりのやり方で再び組み立て、改造する楽しみ」があった。ところが今のおもちゃは、一度こわれてしまうと、仕組みが複雑なので、子供も、素人の大人も修理できない。だから、使い捨てにするほかない。かつても「ごく一部の子どもたちは、ふわふわのぬいぐるみや豪華なフランス人形、レールの上を走る汽車ポッポなどを買ってもらい、お座敷の中で遊んでいたけれども、これらの『坊ちゃん・嬢ちゃん』は、高級なおもちゃを独占するかわりに、青空の下で声を張り上げて遊ぶことのできる仲間とは疎遠になるばかりだった」(秋山正美「ガキ大将はどこへ行った」)。

一九六〇年代以後の子供たちはみな、これらの、外遊びの子供たちとは疎遠になって自分の家のお座敷で高級なおもちゃ相手に遊んでいた、かつての「坊ちゃん・嬢ちゃん」と同じ境遇となってしまったのだ。

一九七〇年代の遊び空間

昭和三十一年生まれの小谷敏は『若者たちの変貌』で、「六〇年代後半（昭和四十年代前半）の子どもたちの上に生まれた変化」に触れ、「五五年（昭和三十年）以降に生まれた世代」は『子ども時代』を奪われた世代」であり、「七〇年代以降にあらわれた若者たちにとっての子ども時代とは、奪われ、存在さえしなかったという意味での『ユートピア』（どこにもない場所）でもあった」と言う。昭和三十年生まれの子供が小学二年生となった昭和三十九年（六四年）に開催された東京オリンピックのあと、子供たちは外遊びができなくなり、室内に閉じこもってひとりで遊ぶ孤独な存在と化した。「『オリンピック』以降、『戸外』は子どもにとって、危険でつまらないものになっていった」。一方、そのころ普及したテレビや少年マンガ週刊誌などによって、子供にとって「『屋内』の世界は、ひどく面白いものに変わっていった」。「子どもたちが『メディア漬け』になり、『室内動物』と化していく」、この時期、「友だちが何人かわが家に集まったが、皆で何かをして遊ぶわけではない。ただ一人一人が押し黙ったままマンガを読んでいる」というありさまだった。当時、鍵っ子も多かった。「団地の共働きの核家族では、家のなかにも近所にも、子どもを迎える大人（友人）が誰もいない。それまで子どもは、群れているもの、騒々しいものと相場が決まっていた。しかし、この時代、『孤独な子ども』という『新種』が、人々のまなざしに浮上してきたのである」。この「『孤独な子ども』という『新種』」は、「メディア漬け」になった、「情報と消費の申し子」である。

『若者たちの変貌』の著者はまた、小学校入学以前の、昭和三十年代半ば（一九六〇年）ごろの、自らの幼年期の思い出をこう語る。「筆者の幼いころにはまだ、防空壕の跡は子どもの秘密の遊び場になっていたし、街角で傷痍軍人の姿をみかけることもまれではなかった。戦争の傷痕さえ、まだ街のなかから完全には姿を消してはいなかった。貧困の極みとも言うべき家族に出会うことも、まれにだがあった」。こうした幼年期の思い出と、小学生時代を子供時代を奪われて「孤独な子ども」として過ごしたという記憶とを共にかかえこんでいるところから、『若者たちの変貌』の著者は、自分の属する世代を「谷間の世代」と呼ぶ。「谷間の世代」とは、幼時に「貧しいが濃密な人間関係が支配する、牧歌的である種アルカイックでさえあるような世界」を生きながらも、少年期を「情報と消費の申し子」として過ごした世代である。

子供たちが戦争の傷痕の記憶と戦後の貧困の影を曳きずりながら「戸外」でのびのびと遊んでいた「牧歌的である種アルカイックでさえあるような世界」から、子供たちが「危険でつまらないもの」と化した「戸外」を去り、テレビやマンガなどによって「ひどく面白いものに変わっていった」「室内」に閉じこもって「メディア漬け」の、子供時代を奪われた「孤独な子ども」に転身した世界への急激な移行。ここに一九六〇年代における子供たちの遊び空間の劇的な変貌、変質の過程が大づかみに捉えられている。

もっとも、一九六〇年代には、そうした子供たちの遊び空間の劇的な変貌のさまを自覚的に捉えた者は少なかった。六〇年代末から七〇年代にかけて、ようやく多くの者がその変貌のさまに触れた発言を開始する。以下、その種の発言を取り上げることとする。

子供たちが屋外の遊び場を奪われ、子供たちの遊び集団が解消されるという状況は一九六〇年代に生じた。宮本常一は六七、八年ごろに発表した「失なわれた連帯意識」、「子供の泣声」、「古きよきものの意味」などの短文で、そうした状況を確認して、次のように述べている。

最近、村を歩いていると、「村の広場や道の辻で遊ぶ子供の姿をほとんど見かけなくなった」「道は車の通るところになったし、村の中に空地が急に減ってきた」。子供の数も減ってきた。「集団でおこなう鬼ごっこのような遊びがまるでなくなってしまった。野球やキャッチボールのような遊びはある」。子供たちの遊びの集団には、「年長の指導者」がいなくなって、「子供たちの仲間のリーダーの力の弱くなったこと」が目につく。「子供には子供の世界があるという一種の自治的な鉄則が破れて、子供はそれぞれ親のための付属物になって来始めた」。「自然も環境も有機的に密接に子どもたちに結びつかなくなって来つつある」。ふるさととは、すなわち「幼少時を遊んで育った世界」であるとすれば、「子供にとってすでにふるさとは失われているといってよい」。宮本常一は一九六〇年代末の村の子供たちの現状についてこのように述べているのだが、以上の言葉は同時期の町の子供たちの現状にも当てはまるものだった。

しかし、子供たちの遊び場や遊び集団の消失の時期は、地域によってまちまちである。

中野光は『戦後の子ども史』で自分の家の近くにある子供たちの遊び場が一九六〇年代末には健在だったが、それから数年後になくなったと報告して、以下のように記しているが、これは遅い部類に入るだろう。

「私」は一九六九年に、地方都市から東京都の郊外にある八王子へ引っ越した。

「まわり一面は畑でわが家は一軒家だった。家のまわりには多人数の子どもたちが毎日のようにやってきて遊んだ。当時、小学生だった私の二人の娘たちもよく遊んだ。彼らの遊びを観察していると、子どもが遊びの天才であることをつくづく感じた。彼らは土地の自然条件を熟知し、それを巧妙に利用する術を身につけていた。たとえば、野球のばあい、ルールは地形と空間のひろさによって決められた。バットは棒ではなく羽子板のような板切れ、ボールはテニスの軟球、しかも適当に空気を抜いたものをつかっていた。だから、『どれどれ、おじさんにも打たせてくれよ』といって私が板切れのバットを思いっきり振ると、それがたしかにボールにあたるのだが、決して空き地の外まではとばないのだ。子どもたちの知恵によって遊び道具とルールが地形にあわせてあったのだ。

夏になれば、この地域の子どもたちは川へ魚とりに出かけたり、朝はやくからかぶと虫を採りに行った。時期と場所は地元のガキ大将が教えてくれた、という」

板切れのバットと適当に空気を抜いたソフトボールでの草野球、川での魚獲り、林での甲虫採り、そして遊び方を教えるガキ大将。六九年の八王子では、こうした野外遊びの世界がまだ残っていたのだ。

「ところが、遊びの様相はそれから間もない時期に、急に変わってしまった。わが家のまわりにも次々に住宅が建ち、遊び場はなくなってしまった」

こうした一九七〇年代初頭における東京の郊外地域の環境の激変は、以下に引用する谷内六郎の文章に窺われるような慌しい気分のなかで進行した。

「此の頃はちょっと見ない場所がとても早い変わり方をしているのでビックリします。／東京近郊はすごい早さで変化して行きます」。「人口が都市に集中するから、日本は一大工業国だからと、色々と考えますが、こういう変わり方は何か息苦しいもので個々バラバラの不動産会社や建設会社の競争のようにも思え『もうちょっと国で企画性を』と考えていると、ドスンとそんな感傷を無視してすごい高速道路が畑やいい景色のところに出来あがります」。

「東京近郊」の「畑やいい景色のところに」、「不動産会社や建設会社」が競い合うようにして、「ドスンと」地響きを立てて、「すごい高速道路」などを次々と造りあげていく。こんな騒然たる雰囲気のなかで、長年保たれてきた子供たちの遊び場がまたたくまにつぶされていったのである。

当時、子供たちの活動の舞台であった「野」そのものが消滅しつつあった。そのころ東京の郊外に住んでいた、昭和六年生まれの谷川俊太郎は一九六九年発表の「自伝風の断片」で、この「野」の消滅を愕然とした思いで、こう確認している。

「なるほど春の野というものが、子どものころにはあったなと思う。いま住んでいる東京の西部にも、本気で探せばきっとまだあるだろう。だが、いまの私の心の中にそれがよみがえるとは思えない、たとえ現実に、春の野に立つことができたとしても。春の野はだからもう、私にとってはひとつの幻想だ……」

一九七〇年代の東京でも、子供たちの遊び場が依然として健在だった地域もある。しかし、この十年間で、その遊び場は次第に縮小していき、子供たちの遊び集団は解体へと向かう。そうした状況を、二人の写真家が映像に記録し、そして写真集に載せた文章で回想している。二人の写真家とは宮原洋一と萩野矢慶記である。

宮原洋一の写真集『もうひとつの学校』には、一九六九年から七三年にかけての時期に東京の下町や川崎市で外遊びをしていた子供たちの賑やかな群像を撮った写真が多数収められている。この本につけ加えた文章で宮原洋一は、当時の子供たちの遊びっぷりを次のように記している。「この時代の子どもたちは町のなかでよく遊んでいた」。子供たちの群れには、「『ガキ大将』もいれば『みそっかす』もいた」。下町の子供たちの遊び場は、廃材、残土などが捨ててある、工場や倉庫の近辺の空き地などである。子供たちは鉄条網の張りめぐらされた、立ち入り禁止の場所にも、見つけた隙間、あるいはこしらえた隙間をくぐり抜けて入りこんだ。「おとなたちも、大事に至るような危ない場所以外は子どもが入り込んであそんでいても目くじらを立てるようなことはしなかった」。子供たちは「おとなから適当に放っておかれる開放感にたっぷり浸ることができた」。

一般に、一九六〇、六一年ごろから子供たちのタテ型の遊び集団が解体しはじめ、ガキ大将がいなくなっていったといわれる。しかし、七〇年前後の東京の下町では、ガキ大将も、ガキ大将に統率されるタテ型の遊び集団もまだ残っていたのだ。

だが、『もうひとつの学校』の著者によると、一九七〇年前後には活気に満ちていた外遊びの子供たちは、七〇年代後半に至ると、生気と余裕に欠けるようになった。「あそびながら時間を気にする子どもが出てきた、撮影していると、『おじさん、いま何時』と聞かれることが多くなってきたのだ。当時、学校での『落ちこぼれ』が問題となり、急速に、子どもたちの塾通いが当たり前のようになっていたからだ」。こうして子供の遊び集団は「しだいに衰退し、一九八〇年代前半に『消滅』と言ってもいい状況になった。町で見られる子どもの姿は、塾通いの、勢いをなくした後ろ姿であった。あそび仲間をなくした子どもがひとり所在なげにしていたり、ゲームセンターであそんでいる姿であった」。

萩野矢慶記の写真集『街から消えた子どもの遊び』（九四年）にも、東京の町なかで遊ぶ子供たちの姿を撮った写真が多数掲載されている。ただし、それは一九七七年以降に写したものなので、宮原洋一の『もうひとつの学校』に載った写真と比べると、子供たちは仲間の数も少なめで、やや活気に乏しい。遊び場も路上が多く、身なりも全般的に小ぎれいで、泥まみれの格好などは見当たらない。萩野矢慶記はこの本のなかで、七七年から九四年現在までの期間をふり返って、こう述懐している。

「私」は一九七七年に「初めて子どもたちにカメラを向けた」。「そのころ東京の空地や路地裏では子どもたちの遊びがまだ健在で、街を歩き回るうちに子どもたちの顔ぶれや遊び場を熟知するようになり、実に様ざまな遊びと出会うことができた。顔なじみになった子どもたちは、心を開き、得意なポーズをとってくれた」。

一九五〇年代に熱心に遊ぶ子供たちを撮りつづけていた土門拳は、七七年発表の「私の履歴書」で六〇年代以後、子供たちの遊ぶ情景を撮らなくなった理由をこう述べている。「ぼくはこどもの写真をずいぶん撮っている。（略）しかしこどもの写真でも、今は、かつて撮ったようなこどもの写真はもう撮れない。天真爛漫なこども、こどもらしいこどもは、今の小学生の中から見いだそうとしても、もうみつからない、試験、学習塾というような、こどもを締め付ける社会の風潮が、こどもからこどもらしい大半を奪ってしまったのである」。宮原洋一も『もうひとつの学校』で、前述のように、七〇年代後半には「子どもたちの塾通いが当たり前のようになっていた」ので、「あそびながら時間を気にする子どもが出てきた」と書いている。そういう時期で

宮原洋一『もうひとつの学校――ここに子どもの声がする』（新評論 2006）

も、萩野矢慶記は「東京の空地や路地裏では子どもたちの遊びがまだ健在で」あることを確かめることができた。

しかし、彼もまた、その後、宮原洋一が指摘しているような、子供の遊び集団が「しだいに衰退し」ていく過程に立ち会わなければならなくなる。すなわち、『街から消えた子どもの遊び』によれば、「戸外で遊ぶ子どもたちの姿は年を追うごとに少なくなっていった」。増えつづける自動車が「抜け道を探して裏通りまで押し寄せた」こともその一因だったろう。やがて子供たちは「時間を気にして遊ぶ」ようになった。「私」は子供たちから、よく「『いま何時？』と聞かれ」た。また、「大量生産されたおもちゃがCMに乗って流行し」たこともあって、子供たちは「昔からの遊具であった土くれや石ころ、廃品など、手足の汚れるものには触らなくなってしまった」。そして、「なんでも平等でジャンケンで順番を決めるようになった」。これはガキ大将が消え失せた結果であろう。

『街から消えた子どもの遊び』の後半に載った、一九八〇年以後に撮られた写真の多くは、遊ぶ友達がいなくて、ひとりで無表情のまま路ばたにしゃがんでいる子供の姿を写している。写真家は遊び場と遊び集団を失った現在の子供たちの心中を思いやって、こう嘆く。「一人ぼっちで、遊び相手のいない子どもの姿は痛々しい」。「外遊びを失った子どもは、能動的な活動を押さえられ、知識や知恵は生きて働く力にならず、ストレスもたまることだろう。子ども時代に、外遊びを体験しないまま成長して、やがて社会人になることを考えると膚寒い思いがする」。

萩野矢慶記『街から消えた子どもの遊び』（大修館書店 1994）

一九七〇年代に外遊びする東京の子供たちの姿を撮りつづけた二人のカメラマンが語る時代の変遷の跡をたどって、八〇年代前半の遊び集団の「『消滅』と言ってもいい状況」や、八、九〇年代の「一人ぼっちで、遊び相手のない子供」の「痛々しい姿」にぶつかってしまった。ここで、七〇年代へと引き返そう。

一九七〇年代の初め以来、子供たちが遊び場を奪われ、自由闊達に遊ぶことができなくなってきたことを憂う声が発せられるようになった。例えば一番ヶ瀬康子ほか著の『子どもの生活圏』(七一年)から、以下のように、そうした声が聞けるだろう。

「今日、『遊び場』は緊急にさしせまった問題として登場してきている」。「子どもがやっとみつけた広場で遊んでいると、ほとんどの土地が私有化されているため、怒られたり、鉄線をはられたりすることが、しばしばある」。このように遊び場が不自由になったため、子供の遊びそのものが不自由になってきている。「現在、コマ回しやたこあげのもっている力強さや集団性は、めったに見られない」。

現在の子供は遊びを奪われることで、生活を奪われている。「子どもの生活にとって中心であり、また成長にとって、もっとも自然的な、また社会的な営みである遊びがいまやおしつぶされ」かけている。子供は「とくに『遊び』を中心に全生活を通じて、その人生の基礎が形成されていく」。そのように「遊びのなかで学び、おとなになっていく子ども」は「生活の権利、発達の権利をうばわれている」。いまや「遊ぶことの意義がほとんど奪われている」。「子どもたちの遊びは生活の営みの中心であり、全生活の結晶である」。その遊びを奪われるということは、子供の生活が奪われるということにひとしい。「子どもの生活が」「いろいろなかたちで失われ奪われてきている」。

真鍋博は『歩行文明』（七四年）で、子供たちの遊び場が不足し、子供たちが遊び不足になっている現状を憂えて、次のように書いている。

「ある大学の教育心理学教室が、東京都内三二小学校の一年生とその父兄を対象に行った実態調査によると、四分の一が遊び場がないと答えているらしい。そして、遊び場はあると答えた子どもも、空地、土堤などのほか、駐車場、屋上、道路まで遊び場としてあげている。しかも、この遊び場不足は年々ひどくなっており、一〇年前の同じ調査にくらべると、遊び場も、遊び時間も、ますます狭く短くなり、〝遊び不足・遊び下手〟のエスカレーションの実態をのぞかせているという。

〝子どもは遊びの名人〟なんてキャッチフレーズは、いまや死語と化してしまった。余暇開発センターがまとめた『都会っ子の遊びについての調査報告』によると、なんと子どもの七一％が『家のなか』であそんでいるという。

子どもが学校から帰ってきても、親たちは『勉強しなさい』『外は危ない』と外へ出したがらないからだそうだが、もはや子どもらしい生活は完全に崩壊してしまったといっても過言ではない。しかも、子どもたちのなかに一人で遊べるオモチャが流行しはじめている。これなら、たった一人でもやれるし、家の中で静かにできる。しかし、反面、子どもたちは、遊びを失い、友だちも失っていく」

ここには東京都内の子供たちの遊び場に関する調査の結果が紹介されている。一方、藤本浩之輔の『子どもの遊び空間』(七四年)には、同じ時期の大阪市の子供たちの遊び場に関する調査の結果が報告されている。

大阪市立大学教授である著者は、学生の協力を得て自分が携わった、子供たちの遊び場の実態調査の過程で、大阪市の子供たちの声を数多く聞いた。以前は原っぱ、空き地、道路などを遊び場としていた子供たちは、現在進行中の急激な都市化によって、それらの自由空間の多くを奪われてしまった。「こういう状況に対して疑問をなげかけたり、怒りを表明している子どもたちは数かぎりなくいる」。「遊び場について話し合っていると」、「遊び場をつくってほしいという声はいたましいほどである」。「怒りを表明している子どもたち」の一人である小学六年生の男の子は次のような詩を書いている。

「最近、遊び場が少なくなった／なぜ、建物ばかり建てるのだろう／なぜ、遊び場を作らないのだろう／この世界には／数えきれない子どもがいるのに／なぜ、遊び場を作らないのだろう／このまま遊び場を作らなかったら／健康な人間がいなくなって／この世界がほろびてしまうかもしれない」

自分たちの遊び場がなくなったことに怒らず、外遊びをあきらめている子供たちもいる。大阪市の中心部のある小学校の「五年生にきいてみると、学校から帰ると女の子はほとんど家の中におり、男子でも、せいぜい家と家の間の路地でキャッチボールをしたり、屋上で自転車にのったりという程度なのである」。「遊びざかりの年齢の子どもたちが、外遊びをあきらめているとは、なんと非人間的なことであろうか」。

だが、怒ったり、あきらめたりするかわりに、町なかに空き地や隅っこをなんとか見つけ出して、そこで遊んでいる子供たちもいる。

昔は「地域社会の生活空間はずいぶん余地があり、子どもたちがそこに侵入して遊び空間を構築することを許す大らかさがあった」。ところが、現在は「利益を得るために土地の効率的利用にあまりにれんれん〔恋々〕とし、わずかの余地からも子どもたちを追いたて、柵をめぐらして侵入を防ぎ、道路にはみだすことも許さない」。子供たちは、そうした「子どもたちを追いたてる大人に対して敢然と抵抗する。「子どもは、整理された環境を破壊し、乱雑に汚し、穴を掘り、すみっこを探す」。大人が「インディアンに居留地を与え閉じ込めるのと同じような発想」で子供たちに提供する児童公園は「明るく、安全で、健康的である反面、大人の論理と感覚でつくられ、子どもたちのエネルギーは機能に則してコントロールされ、管理される側面をもっている」。「生きて日々成長している子どもたちは、凶々しく猥雑な要素に魅力を感じ、不安と無秩序に対して挑戦しようとし、発見と創造の活動を欲している」。そういう意欲にあふれた子供たちはインディアン居留地のような児童公園ではとうてい満足できない。彼らは「原っぱ、あき地、工事現場、工場跡、建物のすみっこ、秘密基地といったインフォーマルな、スリルと不安のかげのある、猥雑な、そして秘密めいた場所に好んで出かけ、自分たち自身の世界を構築しようとする」。「そういった非公認の遊び空間が子どもたちの本質的な欲求に訴える要素を豊かにもっている」からだ。原っぱ、空き地などの自由空間は不潔で雑然として整序されていない。「自然の素材しかないそこでは、子どもが対象に対して積極的に、創造的に働きかけることなしには遊びは成立しない」。だからこそ、そこでは「自己の可能性へのテストと挑戦」によって「新しい意味の発見、創造」がなされ、「真に自治的な仲間の世界が成立する」のである。

『子どもの遊び空間』の著者は、そのような子供たちの積極的・創造的活動の現場にしばしばぶつかっている。例えば、彼は大阪市の民生局所管である児童公園の夕凪遊園の隣の空き地を子供たちが遊び場にしているシーンに出会った。「この遊園の敷地は市土木局の所有で、もともと雑草が茂っていたところを、子どもたちが勝手にはいり込み、踏み固めて遊び場にしていたものである。遊具が設置されて、野球やソフトボールができなくなると、子どもたちは、道をへだてて隣りにある同じ市有地の雑草の茂ったあき地にはいり込みはじめ、四〇日目くらいから、そこでソフトボールをしている姿がみられるようになった」。「それまでは、背丈ほどもある雑草に覆われ、ガラクタや中古自動車の捨て場になっていた所だが、草がしだいに少なくなり、ガラクタが片づけられ、土は踏み固められて、ソフトボール程度なら支障のない広場になっていたのである」。

「また、その近くの市岡公園ができた時、公園のわきに削りとられた土の山ができていた。山は踏み固められて、子どもたちがいかに激しく駆けのぼったり、駆けおりたり、戦争ごっこをしたりするかを物語っていたが、ある時、山の凹地で手投弾らしい土まんじゅうをつくっている子に、どうして公園で遊ばないのかとたずねたところ、『こっちの方がおもしろい！』と答えたものだ」

「都心の繁華街の子どもたちも意外なところに遊び場をみつけたり、秘密基地をつくったりする。たとえば、大阪駅付近の商店街に住む二年生のS君は、秘密基地を十三号までもっているというので案内してもらったところ、高速道路の橋桁工事場であったり、ビルとビルの狭い間であったり、ビルのすみっこであった。また、大阪市の中心繁華街である心斎橋付近の子どもたちも、道頓堀の堤防からはいっていく秘密の場所をみつけていたり、モータープールの中に秘密基地をこしらえたりしている。四年生のY君はこんな作文を書いてくれた。

『ぼくたちのひみつきちは小さな所です。小さいけれどおもしろい所です。そこにはボールなどをおいていました。そして、かいじゅうごっこをしてあそびました。そこは、ちゅうしゃ場です。ふつうはおこられますが、そこのちゅうしゃ場はおこられません。その場所は正めんからみたらひみつの場所のようにみえませんが、さがしてもさがしきれません。』」

『子どもの遊び空間』の著者は、大阪の中心部の小学校の四年生と、周辺部の小学校の四年生とを相手に、秘密基地をつくった経験があるかないかをアンケート調査した。その結果、中心部の男子生徒の五五％が、周辺部の男子生徒の七三％が、秘密基地をつくった経験がある、と答えている。この著者がなぜ小学四年生を調査対象に選んだかというと、子供はちょうどその少し前ぐらいの年齢から、大人に隠れて仲間同士で自分たちの秘密の遊び場をつくろうという意欲をもちだすからである。

「子どもも小学校三年生くらいになると、独立した自分たちだけの世界、大人からコントロールされたり管理されたりしない自治的な世界を構築しようとする欲求が強くなってくる。それは、秘密基地に端的に表現される。四年生のK君は、秘密基地について次のように書いている。

『どんな所かというと、南中〔学校〕のうらの土管で土の山のある所です。ちょっとせまいですが、かくれたり、あそんだりするのにべんりでした。その中には、食りょうやマンガがいっぱいあって、そこで時々なかまを集めて集会をひらいていました。なんの集会かというとテレビのことやマンガのことです。（略）だいたい十人ぐらいです。みんながお金を出し合って食りょうを買っていました。』」

『子どもの遊び空間』の著者は、小学三、四年生の子供たちが、このように集団で町の中に自分たちがもぐりこめる隙間を探して、そこに秘密基地をつくろうとすることを、子供が挑む、親からの精神的独立の試みとして強く支持して、次のように書く。

「子どもたちの話をきいていると、彼らが、インフォーマルな遊び空間のさらにすみっことか、秘密めいた場所に、いかに魅力を感じているかがわかる。そして、他人の目のとどかない場所に、自分たちだけの共有財産をもち、仲間たちだけに通じることばや行動様式を設定することによって、連帯意識をいっそう強めているのである。こうなってくると、親のいいつけや家庭のモラルより、仲間との約束やモラルを上位におく場合もおこり、親たちは一抹の不安とさびしさを感じるわけだが、子どもの側に立って考えれば、それは健全な心の成長なのである。それは、自律的・自治的な集団生活への努力とテストであり、大人社会にはいっていく自己訓練の過程だともいえる」

一九七三、四年ごろの大阪市では、子供たちのうちには、自分たちの周りから遊び場が奪われたことを怒る子も、あきらめて内遊びで我慢する子もいたが、一方、空き地をどうにか探し出してそこで外遊びをする子や、工事現場やビルの隅っこや、堤防の陰やモータープールの中などに仲間とともに秘密基地をつくって、そこで隠れ遊びをする子も見受けられた。遊び場は市内に、かけらの形であるにせよ、わずかに残っていて、町の子供たちは大人の目をかすめて、そこをひそかに占拠することができたのである。

以上のような調査結果にもとづいて、『子どもの遊び空間』の著者は、子供の遊び文化がいまや危殆に瀕していることを憂えて、以下のように記す。

子供たちは現在、濃密な遊びの世界を失いつつある。「子どもたちは、ふだんはほんの暇つぶし的な遊びをする時間しかない」。「仲間との遊びはこま切れ化し」ている。「日曜日など何をするでもなく、ただ所在なさそうにぶらぶらしている」。「遊びをはじめてもあきっぽく集中しない」。「以前は、夕方になると、どこへ行ったかわからない子どもをたずねまわっている母親の姿がよくあったものだが、今ではさっぱり見かけなくなった」。「家庭でも学校でも、子どもだけで出かけることを強く禁止するようになってきた」からである。子供の遊び文化は、学校文化と家庭文化の異常成長によって、それらの文化に吸収されかけている。「学校教育、家庭教師、塾、おけいこごとといった一連の学校文化が大きく拡大した」。「進学体制の貫徹は遊びを心理的に圧迫することになった」。また、「兄弟数の減少、生活水準の向上、余暇の増大は、親の子どもに対する関心、保護、管理を助長し」、家庭文化を拡大した。家電化などで暇ができた母親がわが子に過度に干渉することによって、母子密着が起こり、その結果、母親も子供もともに不幸になった。「母親と子どもの一体性、母子癒着がすすんでくると、母親の方でも、子どもを自分の磁場の中にとらえておかないと不安でならないという心理状態となる。だがそれは、子どもの成長・発達、つまり自立への歩みを大きく阻害するばかりでなく、母親自身の人格についてもマイナスの作用をもたらすことになるであろう」。この母子密着状態のなかで、子供は自発性、自立心を抑制され、依存心とわがままを助長させられる。

このように学校文化と家庭文化の肥大化によって、大人の管理が子供の世界に及ぶばかりではない。テレビなどのマスメディアの波をかぶって、「子どもの世界は、受動的な、流行のすぎゆく場でしかなくなる」。また、子供たちの間で異年齢のタテ型集団に代わって「同級生中心のヨコ型集団が一般化してくる」ことによって、タテ型集団において「年長児と年少児の間に通っていた文化伝達がきれる」。こうして子供たちは自分たちの固有の伝承文化を失い、ひいては子供の世界そのものをいまや失いかけている。

『子どもの遊び空間』の著者は、現在、失われつつある子供たちの異年齢のタテ型集団、子供たちの伝承的な遊び文化が子供たちの心身の成長にとっていかに重要なものであるかを説いて、次のように述べる。

子供が「三、四歳になって、運動能力がつき、ことばもある程度自由に使えるようになると、近くに住んでいる友だちとのつき合いがはじまる」。「仲間を求めるのは基本的欲求のようで、それは、まだ仲間とのつき合いが十分できない幼児でも、空想上の友だちにしきりに話しかけながらひとり遊びをしていることがあるのをみてもわかる」。幼児は三歳ごろになると母からの分離独立を企てるが、その企ては不安に満ちている。この「不安を楽しさで支え、分離の冒険を援助してくれるのが仲間」なのである。「母子分離がはじまる三歳前後から自立への歩みがみられるが、考えてみれば、それまであたかも親の一部であるかのように密着していた幼児が、はじめて親から離れるということは、意識することはなくても、おそらく不安に満ちたできごとであり、大きな冒険的行動にちがいない。その不安や冒険をまぎらわし、うちから支えるのは、仲間といっしょにいることの楽しさや遊びのおもしろさである。親から離れておれるのは、はじめはほんのしばらくの間、そしてしだいに長くなる、そういう経験のつみ重ねが、独立や自立の能力を養うことになるのである」。子供の自立をめざす行動は単独ではなしがたい。それは「仲間との共同によって、あるいは仲間の援助などによっておこなわれる」。

小学生時代の子供たちの仲間集団は、「異なった年齢の子どもたちを幅広く包み込んだタテ型のものであって、年長の子は年下の子を遊び仲間に組み入れて、いたわったり鍛えたりしながら、いろいろな遊び方や遊びの技術を伝達していったのである。伝達された年下の子どもはやがて大きくなり、自分たちで改良したり新しく発明した技術や知恵を加えて、また次の世代に伝達していくというしくみをもっていた」。この年長の子から年下の子への遊びの技術がとぎれずに長く続いてきたので、仲間集団が行なう遊びには、江戸時代、いや、はるか遡って奈良時代から連綿として伝えられてきたものも見受けられる。現在の「子どもたちの遊びの中で、親の世代からおこなわれていたというものを調べてみると、江戸時代の後期にはもう記録されているものが多い。タコやコマのように、平安時代や奈良時代までさかのぼるものもある。民俗学の示すように、それらの多くは大人の宗教的行事、祭り、労働、娯楽などに起源をもっているのだが、それは、子どもたちが大人の生活にひとみをこらして眺めていて、おもしろそうなものを模倣して遊びにとり入れたということである」。

仲間集団で遊ぶことで、子供たちは「人間として生きていく上での基礎になるものの学習」、「基本的な社会的能力・創造力・運動能力などの育成・獲得」を行なう。子供たちは「毎日の遊びを積み重ねる中で、無意識のうちに、他人とのつき合い方、人間関係の保ち方を学習する」。

「遊びたいという欲求にかられ、楽しさにひかれ、ルールを守り責任を果たすという意識や感覚を身につけることになる」。仲間集団は子供たちに、「対等な立場でのつき合い方」、協力、公正な競争を教える。「仲間との間におこってくる対立や葛藤は、折り合いをつけたり、がまんをしたり、何らかの解決をしなければならない」。子供たちは集団のなかで揉まれることで、その解決のすべを学ぶ。一方で、仲間集団はガキ大将を頭《かしら》に戴くタテ型集団なので、年下の者を保護し指導するリーダーシップと、年長の者を尊敬し、彼の命令に服従するフォロアーシップを子供たちに身につけさせる。

仲間集団のなかで、子供たちは「大人からの指導も管理も受けること」なく、「自分たち自身の知識や経験にもとづいて自発的に決定を」する。そうした「仲間集団の活動は、子どもたちに自発性と自治の能力を育成する」。

このような遊び仲間が形づくるタテ型の集団がいまや危殆に瀕しているため、現在の子供たちは、「基本的な社会的能力・創造力・運動能力など」の「人間として生きていく上での基礎になるもの」の育成や獲得がきわめて困難になった。ルールを守り、役割を遂行し、割り当てられた責任をとる能力、自力解決の能力が未発達になり、想像力や創意工夫の才の熟成が阻止された。子供たちは体験の幅が狭まり、依存心とわがままが助長され、人格的に未熟なまま大人となる。『子どもの遊び空間』の著者は、一九七〇年代前半の子供たちが置かれている遊び場不足の状況を踏まえて、このように失われかけている子供たちの屋外での集団遊びが子供たちの心身の成長や社会性の獲得や人格の成熟にとっていかに必要不可欠なものであるかを強調し、力説した。しかし、この時期にそういうことを説いたのは、藤本浩之輔ただ一人にとどまらない。中田幸平は『野の玩具』（七四年）で、こう指摘している。「ここ数年、子どもにとって『遊び』というものがいかに必要であり、遊びの集団が人間形成に欠かせない大切なものであることが、教育関係者の間から論じられるようになってきた」。『子どもの遊び空間』は、七〇年代前半に多出した、この教育関係者の論の一つであり、なおかつ、そのスタンダードをなしているといえよう。

『子どもの遊び空間』が刊行された年の翌年の一九七五年には、東京を中心に子供たちの遊び場をめぐり歩き、その現状を詳細に報告した、草森紳一の『子供の場所』が上梓された。『子供の場所』の著者が訪ね回った子供たちの遊び場のほとんどは児童公園である。

一九六五年、全国福祉協議会は児童福祉週間の事業の一環として、全国二百都市を選んで、「子どもの遊び場充足調査」を行なった。その結果、十四歳以下の子供一人当たりの遊び場面積の平均が基盤の大きさ程度の〇・〇四五平方メートル未満しかない都市が全国に六十八もあり、全体に子供たちの遊び場がいちじるしく不足していることが明らかとなった。この調査結果はたちまち各方面に波紋を広げ、いくつかの都市が事の重大さに気づいて、子供たちに提供する遊び場として児童公園の造成に積極的に取り組みだした。児童公園は、とくに革新派が知事や市長となっている都市で数多くつくられていった。

しかし、この児童公園は、原っぱ、空き地、道路などの遊び場を失った子供たちに、彼らが満足する代替の遊び場を提供したわけではない。子供たちは児童公園に満足しなかったのだ。そのことは、多田道太郎が「都市と女性」（七〇年）でつとに指摘し、以下のように述べている。

「住宅公団が設計した公園は、公園として隔離されている。そこでは子供と子供が『出会う』ということがない。わざわざそこへ遊びに行かなければいけないし、行ったばあいに砂場とブランコとシーソーの三種の神器、これが決まりきったように置いてある。この三つの型にはまって遊ぶのでなければ、これは公に許されない遊びであるという考え方がある。許されないということは、だれが決めるのか、その権限はだれにあるのか、おそらくそれは住宅公団の近代主義にしかないわけです。そういう公園では子供は遊ばない。子供はすぐにそういう公園に飽きて、裏山をインディアン山なんていって、危険な砂山からすべり落ちたりして、インディアンごっこをして遊ぶわけです。そういうところで遊びたがるわけです。

そういう遊びを、いまの住宅公団に見られる設計は完全に無視している」

草森紳一は『子供の場所』で、多田道太郎のこうした児童公園への批判を継承して、児童公園がいかに子供の遊び場にふさわしくないかを、精緻な実地踏査のうえで明らかにしていく。彼はまず、東京に児童公園があふれている現状と、その舞台裏を次のように書いている。

「東京には、児童遊園が多い。多すぎる。私の住んでいる地域に限ってみても、一〇〇〇メートルを歩くごとに、かならず小さいながらも、あるようである」。「児童遊園の設定案は、区議会などでは、党派を超えて、満場一致で決議されるという」。そして、行き止まりの道の端や、橋の袂の使いようのない場所などの「ゴミの地を子供に天下りする」。このように「遊園地が多発されたのは、今日の過密都市状況とか、交通状況とやらによって、子供たちは遊び場を失っている、という大人たちの思いが、発想にとどまらずに、実現にまで運んだからであろう」。

『子供の場所』の著者は、大人のそうした「遊びを失った子供たちのためという思いいれ」によって児童遊園がこれほど数多くつくられたことを「異常で歪んだ」ことと感受し、自分は「すべての児童遊園そのものを否定してみる」と言い切る。そして、子供たちは遊び場を近所に自分たちで発見しているのだから、大人が与える「子供の遊び場などは考えるべきではない」と断ずる。

実際、「児童公園をあたえたところで、大人の気持ちの上での免罪符の取得になるだけであり、子供たちにとっては、なんの救いにもなっていないのだ」。「大人の感傷によって作られた児童遊園」は、「かえって子供の童心をいよいよ削りとっていく」。『児童遊園』という保護の檻」は子供を隔離、幽閉することによって、子供から世界を奪ってしまう。

児童遊園には、子供たちの姿が見られないものと、子供たちが賑やかに遊んでいるものとがある。無人の児童遊園は「そのつくりにおいて子供の遊び機能を無視したところから作られた故の欠陥遊園」で、これはけっこう見かける。子供たちが遊んでいる児童遊園のほうは、きまって子供たちに母親が付き添っている。そこは「子供を親が監視して遊ばせるところであり、かつまた女親たちが、おしゃべりに頰をふくらませるための社交場となっている」。だが、「この監視は、遊びの秘密から、もっともほど遠いもの」である。「子供の遊び（生活）の根本には、秘密性というものがある」。子供たちは「つねに大人の見えないところで遊ぶことを欲している」。『子供の場所』の著者自身、思い返せば、小さいころは、「親がそばにいると、いつも萎縮していた。遊んでいても、上の空であった」。

児童遊園には土と緑が確保されている。しかし、実状は「土があっても、土がないのと同然なのだ」。「児童遊園内に敷きつめられたその土面とは、ひいてはコンクリートの学校の運動場、アスファルトの車道と同じことなのだ」。公園業者がトラックで運んでくる、石ころが取り除かれた、均質な土は「はじめのうちは、柔かく生きていても、まもなくその土は死んで固くなる」。それはコンクリートやアスファルトのように硬くこわばった、「人工に準じた土」なのだ。緑についても、緑があっても緑がないのと同然である。「土が死んだ土である以上に、そこに生える樹も死んでいる」。児童公園内の樹は「生えているのではなく、植えられてい」るのである。「土と草とは、いかに人間がその上で、過激にのたうちまわろうとも、かなりのところまで人間を保護している」。だが、硬くこわばった児童遊園の土と草は、激しい遊びをする子供たちを温かく保護してはくれない。だから、子供たちはそれらのなかで「過激にのたうちまわ」ることができない。

結局、児童遊園は子供たちを生き生きとさせることがない。それは「むしろ子供たちを分別くさく、大人への道を歩ませることになるか、自閉症の製造にせいぜい手を貸すことにしかならない」。

児童遊園の土がコンクリートやアスファルトのような硬さ、よそよそしさをもつようになったのは、いまや日本全土をコンクリートやアスファルトが覆いつくして、私たちの周りから有機的自然が消え失せてしまったからである。「全日本、隈なき都市化現象の進行と、車道化観光化により、どこへ行っても、いまや土はアスファルトの鎧をかぶせられ尽している」。「もう地方へ旅しても（略）『自然』はないのだ。田舎へ行けば、畑はある。野も山もある。しかしそれは、真の『自然』ではない。緑の色にすぎない。どのような過疎地帯でさえも都市化されてしまっているからだ」。「畑の土さえも、実際は、同時にアスファルト化したことと同じなのだ」。「一挙に誰の手もとからも自然はなくなっているというべきであろう。タンポポを知らない子が多い。蝶を見たことのない子が多い」。

こうした全国的規模での有機的自然の消失は、子供たちの遊具を用いた遊びを空しいものと化した。もはや「遊具は、対応する自然をもたない」。「どのように遊び空間が、子供の生理に即応していようとも、自然との対応を喪失している以上、片手落ちであり、そこには遊びの原型ばかりあって、さぐらるべき森羅万象がないのである。三角形や円や立方体ばかりに、子供たちは最初から直面しているのだ」。自然の消失はまた、子供たちに提供される遊具の目先だけの空しい多様化を促進した。「自然がないから、遊具のみが、バラエティをもって、あれこれいじりまわされ、工夫している。結局、それらは、子供を喜ばせることはできないのだろう。子供はバラエティにはすぐ退屈するのであり、むしろ繰り返しのできるかたちを愛する」。

G・K・チェスタトンは、「自然の繰り返しは、たんなる反復とは違うのであるまいか。実はアンコールではあるまいか」と喝破した。『子供の場所』の著者はこの名文句を踏まえて、ブランコやすべり台のような、流行に左右されることなく、長い間、生きのびてきた遊具を子供たちが好むのは、それが「アンコールを要求する繰り返しのリズムを秘めているからだ」と言う。自然な、リズミカルなくり返しは、一回ごとに微妙に異なるがゆえに、子供たちを飽きさせない。それにたいして、人工的な、機械的な反復は、毎回まったく同じであるために、単調で退屈である。子供たちはその退屈さから逃れようとして、ヴァラエティを要求する。だが、そのヴァラエティは初めは感覚を刺激し、子供たちを快くさせるが、結局のところ、子供たちを満足させはしない。

現在の子供たちは、「あのいろとりどりの玩具をあたえられても、あまり見向きもしなくなっている」。「玩具の氾濫の中で、子供は玩具に欲望するはずはない」。「子供が、大人から玩具をほしがった時代は、すでに終っている」。子供は大人から与えられた玩具を用いることにではなく、大人の世界の生活用具を「遊具化することに、最大の興奮を覚える」ものなのだ。ところが、今日の大人の世界の生活用具は以前とは違って、あまりに機械化され、複雑となっているので、子供たちはそれを遊具に用いて遊ぶことができなくなった。

『子供の場所』の著者は、自動車の激増が子供たちを追いつめていったことにも言及している。

昭和三十年代前半までは、「まだ車が子供たちの手に負える時代であった。子供は自分の速力と車の速力とを計算できた」。しかし、「昭和三十五、六年のころから、人間と機械の均衡は崩れはじめた」。それ以前も、鋭い感受性の持ち主は人間と機械との間にアンバランスの兆候を見て取っていたが、そのアンバランスが「どんな鈍い人間にも気がつくほどに現実化しはじめたのが、このころなのである」。その結果、子供たちが「自分の速力と車の速力とを計算でき」なくなって車に轢かれて死傷するケースが続出した。だが、それでも子供は路上で遊ぶことをなおもやめない。昨今の調査データで「原因別の子供の交通事故をみると、『路上遊戯』が先頭をしめている」。「子供の遊び心には、危険を知っての、違反を知っての行動が含まれている」ことが、かえって仇となったのだ。

『子供の場所』の著者は、テレビが子供の心を奪い取って、それを「テレビの場所」に閉じこめたことにも注目している。「テレビの革命性とは、媒体そのものが、子供の魂そのものでもあるからともいえる」。テレビっ子は若者になると、「テレビの場所」からの脱出を図る。しかし、その脱出の試みは成功しない。「若者たちは、テレビの場所を離れて、外に出ようと旅にでる風潮もあるが、はたして日常性からの脱出になるか。この旅は、ほとんどテレビ的な旅でしかないだろう。テレビから脱出できたのではなく、旅の空の下にもう一つのテレビを見ているのだ。テレビが悪であるなら、悪と思って脱出を願うのなら、その旅も悪であろう」。

屋外での子供たちの遊びは、いまやますます困難になってきている。かつては材木屋の材木置場で遊んでも、大人に叱られたりしなかった。ところが、昨今では、こっそり材木置場にもぐりこんで遊んでいる子供たちは、大人に見咎められると、すぐさま追い立てを喰らう。「子供を遊ばせると危険だとして、材木屋が警察に叱られるので、絶対に遊ばせないようにしているのだという」。

子供を連れて出歩く大人は路傍で、「子どもから手を離すな」という標語を目にする。親はこの標語に従って、子供の遊びを見守り、制限し、危険な遊びを禁止しなければならない。こうして子供は、遊びとは何かということも、遊び方も知らない子供となる。「暇になりすぎた女たちと自信を失った男たちの手で育てられた子供たちは、怪我をすることなく育っていく」。大人は子供の「遊びの『時間と空間』を縮小し、遊び不足と遊びの無能力に追いこむ」。遊び場所が物理的に狭められたことが問題なのではない。「狭い空間であるが故に、無限に広い心理空間を形成してい」るという状況がかつては成立し得た。大人の過干渉、管理こそが、子供のうちなる「無限に広い心理空間」を萎縮させてしまったのである。

『子供の場所』の著者は、現在、子供たちの素朴さや遊びはどのようになっているのかを探ろうとして、児童公園をはじめとする子供たちの遊び場を数多くめぐり歩いた。その結果、明らかとなったのは、子供の素朴さも遊びもいまや「瀕死の状態に横たえられている」ということ、今日の世界では「子供の場所」はもはや存在しないに等しいということであった。しかし、子供のみが居場所を失ったのではない。「子供の遊び場がないということは、そのまま大人の場所がなくなっていることで」ある。そして、「大人の場所がなくなっている」ということは、すなわち、「ボロボロ地球とボロボロ人間」が現前しているということであり、各人が「地球に別れる日々の覚悟」を迫られているということである。

『子供の場所』の著者は、子供たちの現在および未来を次のようにみている。

「子供たちに対して、これまでの『人間の営み』を強制できるかどうかには、深い疑問をもたないわけにはいかない。／地球の大地は、いづれ大人になりさがる子供たちに、その場をよりよく用意しているとは思えないからだ。それは、（略）どう生きていくか想像もつかない、なんとか人間ひとり生きていくものさと高を括ることもできない、そういう暗蒙の状況しか予想できず、そこで生きる子供の姿が、これまでの人間の通念では考えられぬ姿をつくるのではないかということへの不安である」

『子供の場所』の著者、草森紳一は一九七五年の時点で、「子供の場所」を探して歩き回った末に、現代日本にはもはや「子供の場所」は存在しないという結論に達し、子供が「これまでの人間の通念では考えられぬ姿をつくる」という近未来の「暗蒙の状況」を予想した。その時から、すでに三十年以上の歳月が経過した。その後、ここまで絶望的な言を吐いた者は現われていない。

しかし、子供たちの遊びの現状を調査した研究家は、それと同様の人類の終末を望み見るような言葉をふと漏らしているのである。例えば、半沢敏郎は『童遊文化史』の第一巻（八〇年）で、次のように記している。「子供は遊びたくとも遊べない世界での生活を強要されながらも、これに対し、大人のように組織力をもって抵抗することもできずに、無言のままじっと立ちわびている」。「子供たちが、世界を失い、生活までが歪められようとしている」。「高度成長の名の下に、彼らの世界は破壊され、そして剝奪され、結果的には生活の場を失ってしまった」。こうした「子供の世界の破壊」は「人間社会の破滅につながることになる」。「この種の遊事生命が絶命の危機にさらされるようなことになったとしたら、それは人類の滅亡を知らす警鐘と解すべきである」。また、仙田満は『こどものあそび環境』（八四年）で、こう危惧している。「こども達の生存のエネルギーの減少は、もしかしたら私達の日本あるいは地球を滅ぼすのかもしれない」。「ボロボロ地球とボロボロ人間」が至りつくであろう「暗蒙の状況」。「人間社会の破滅」。「私達の日本あるいは地球」の滅亡。――だが、そういう未来のデッドエンドを見据えつつ、一九七〇年代の子供たちの遊びの世界に引き返そう。

一九七〇年代は「子供の場所」が失われていった時代であると同時に、その喪失を痛切に自覚した大人が「子供の場所」を回復することに取り組んだ時代でもある。

「いまの子どもたちは、動植物と同じ仲間である『ヤバンな期間』を、ついに失ってしまった。子ども時代の特権である『ひまな時代』をもつことを許されなくなってしまった」。「子どもの筋肉や神経をつよくしなやかに発達させるためにも、周囲の自然との接触を活発にさせてやらねばならぬ。近い周囲のよいものをのんだり吸ったりせねばならぬ。土や木や水や草木や動物どもとぶつかりながら、ねじる、ひねる、のばす、折る、まげる、ひっぱる、ちぎる、たたく、投げる、ひろう、もとへもどす、こういうためしをどんどんしなければならぬ」（国分一太郎『しなやかさというたからもの』七三年）

一九七〇年代初めに、少年期に「ヤバンな期間」、「ひまな時代」をもつことができた大人たちが、右のような考え方にもとづいて、子供の遊びの意味を問い直す一方、なくなりつつある伝承遊びの実態調査をしたり、なくなってしまった伝承遊びを記録し、復元したりする試みにも着手した。ＰＴＡや社会教育の領域で遊び論が盛んに行なわれ、伝承遊びを復興させる学校、かつての遊具を手づくりする子供会、手づくりの凧を揚げる地域主催の大会などが現われた。こういう傾向は七三年のオイル・ショックを経て一段と強まり、以後、一つの太い潮流となっていった。「少年自然の家」などの、子供たちを野外活動に参加させる施設の造成も進められた。

ここでは東京都世田谷区で一九七〇年代に行なわれた、子供たちの豊かな外遊びの空間を取り戻そうと大人たちが取り組んだ活動を一瞥してみたい。

一九七〇年代後半に、世田谷区で「原っぱ」運動が展開された。木下勇《いさみ》は「生きた環境づくりに向けて」で、自分も参加したこの「原っぱ」運動について次のように報告している。彼は八一年、世田谷区の太子堂地区で、地域の母親たちが中心となって行なわれた、子供の遊び場をつくる運動に関わった。それは同時に「『原っぱ』の形で残る空地を守る運動」でもあった。母親たちは団塊の世代以上で、子供のころ、原っぱで遊んだ記憶をかかえている人たちである。「母親達の年齢は三十代。都会出身の者にとって子供期の遊び場は、戦後の焼け跡、強制疎開跡の原っぱである。地方出身者の者にとっては、野原や社寺境内の遊び場がその『原っぱ』となる。誰もが自分の経験に照らして新しい出来事を判断する。母親ならばなおさら、自分の体験を我が子にもさせたいと思うであろう。そこで『原っぱ』が公園へのアンチテーゼとして登場する。バッタ、チョウ、トンボを追いかけた、レンゲ、クローバーで首飾りをつくった、ヨモギやツクシを採って食べてみた、近所の遊び仲間と夕暮れまでかくれんぼをした、赤トンボの群れが夕焼けに染まって頭を覆った、等々。

自然の季節変化と遊びとが一体となった思い出の風景がそれぞれの記憶にある」

この「原っぱ」運動に加わった母親たちは、わが子の遊び場を確保しようと活動するなかで、自分たち自身の「心が自由に解放される」ことを経験した。

「都市の空間は私有地・公有地に区分され、利用・用途が規定されている。それぞれに法的裏付けがあり、それによって管理されている。例えば道路は道路交通法によって一律に、寝そべることも、座ることも禁止されている。公園では、タキ火、集会も事前に許可を必要とする。

その点、原っぱは自由である。地主や周辺との関係に配慮すればよく、細かな禁止事項はない。『原っぱ』運動を進める大人達自身に、〈社会の管理化から抜け出し、自分自身を自由に解放する場〉を求めている意識が裏にあるようだ」

太子堂地区の母親たちは子供たちのためとともに、自分たちのためにも「原っぱ」運動を進めた。しかし、この運動はやがて頓挫する。

「母親達の『原っぱ』運動は、都市の密集地区での困難を窮めた。活動の場所としていた空地が次々と整備されてきたからだ。砂利が敷かれ、駐車場となる。ビル建設用地として囲い込まれる。三ヶ所あった活動の本拠地の空地はあっという間に変わり、『原っぱ』といえる空地は地域から消えていった。

行政側は公共空地の二ヶ所を、母親達の活動に理解を示したつもりで、公園に整備した。しかし、母親達はこの解答に満足しなかった。表面が土ではないからだ。地表面は土のようで土でない。ダスト舗装という、石灰岩の砕石と土とを混ぜて転圧したものだ。

母親達は当初、『原っぱのまま残して』と主張した。しかし、行政側にとっては『原っぱ法』というようなものがない限り、無理な注文であった。そこで母親達は主張を具体的な提案にまとめ、『禁止事項のない土の広場』の絵を描いた。しかし、周辺の人達からは『土ぼこりが心配』、『雨の時は泥だらけ』、『草が枯れて火がつくと心配』などの声が上がった。行政としてはこの後者の声を聞かないわけにはいかない。そういった問題の解決策として、ダスト舗装が登場してきた。

今やほとんどの公園の土がダスト舗装にとって代えられている。雨のときはぬかることがない。土ぼこりも出ない。確かに便利ではある。しかし、草も生えず、穴を掘ることもできない。それは子供にとって自然とのつきあいの機会を大きく減少させる」

太子堂地区の「原っぱ」運動はこうして挫折したが、その後、「小さな土の広場」で一つの実を結んだ。

「『原っぱ』運動の挫折から立直り、私達は小さくても町の中に『土の広場』を造る機会に恵まれた。／行政がポケットパークの計画を立て、近隣説明会を開いた。その席で私達は『土の広場』の必要性を説いた。（略）／近隣の人も納得し、行政の案を白紙に戻した。人工物、器具で飾る事を辞め、ただの『土の広場』を造ることになった」。この説明会の席で「今の子供達に草花や土と親しむ場を」と主張した木下勇は、この広場づくりに率先して取り組んだ。「遊具も何も置かない代わりに黒土の良い土を入れた」。「この広場はかつてトンボが多かったという話から、トンボ広場という名がつけられた」。このトンボ広場では「春にはスイセン、チューリップ、クロッカス、夏にはひまわり、サルビア、秋にはコスモス、ほうせん花が色を添えて、道行く人の気を止める。お年寄りが日なたぼっこをしている。子供が色水ごっこで遊ぶ」。ここで毎年、秋に催される、花を植え替える「収穫祭」では「しだいに子供達もよく働くようになった」。「幸い、トンボ広場は地域において一つのイメージを形成した。第二、第三のトンボ広場が街角に生まれてきている」。

このように一九七〇年代後半以後、母親たちが「原っぱ」運動を展開した世田谷区では、同時期に、やはり母親たちによって「冒険遊び場」づくりが行なわれた。「冒険遊び場」とは、児童公園では体験できない野性的な遊びを子供たちに体験させるために設けられた遊び場のことである。

七五年、東京都世田谷区経堂で、地域住民が中心になって、夏の間だけの「経堂冒険遊び場」を、七七年には一年だけの「桜丘冒険遊び場」を開設した。この二つの冒険遊び場は住民が自発的につくりあげたものだが、やがて行政が関わり、七八年に世田谷区の羽根木公園の一画に、区と住民とが協力し合って「羽根木プレイパーク」をオープンさせた。その後、「世田谷プレイパーク」、「駒沢はらっぱプレイパーク」も開設された。

この冒険遊び場、プレイパークは、元はといえば、北欧の冒険遊び場運動の所産であり、一九四三年にデンマークのコペンハーゲン郊外に造園家のソーレンセンがつくった「エンドラップ廃材遊び場」をもって嚆矢とする。この廃材遊び場は、ソーレンセンが、子供たちは出来合いの公園よりも、ガラクタがころがっている空き地や資材置場で大喜びで遊んでいることに気づいたことから発案されたものである。イギリス人のアレン・オブ・ハートウッド卿夫人は四五年にこのエンドラップ廃材遊び場を視察に訪れ、帰国するとロンドンの爆撃地跡に冒険遊び場をつくり、イギリスに冒険遊び場運動を隆盛させた。この運動は北欧に波及したあと、ヨーロッパ中に広まっていった。

この冒険遊び場運動のイギリスでの推進者であるアレン・オブ・ハートウッド卿夫人は一九六

九年に、この運動の理念を記した『都市の遊び場』を刊行した。この本のなかで彼女は、現在の先進諸国の子供たちから活気を奪っている元凶を、それらの国でおそるべき勢いで進められている「開発」に見出している。「各国の大規模再開発計画はたいていひどいもので、そこには愛も理解も見られない。この傲慢さ、創意の欠如、人間の価値とスケールの無視という現象は世界的な病であり、流行している悲劇の一つなのである」。「世界的な病」で、「流行している悲劇」である「大規模再開発」が、その「傲慢さ、創意の欠如、人間の価値とスケールの無視」によって先進諸国の子供たちを窮地に追いつめ、彼らを「抑圧・精神病・暴力・非行・投薬など」に追いこんでいる。

今日、「世界中のほとんどの国で、子供たちは長い空しい時間をなんとか切り抜けている」。「街路で遊んでいる、学齢の、都会の子供はなんとなく退屈している」。これらの子供たちが空しさをかかえ退屈しているのは、彼らが「努力や熟練の要る積極的な興味や活動を開発しそこねて」いるからであり、「家の外で友達と会える場所が少ししかない」からである。また、アスファルト舗装の遊び場にいる彼らが「硬い地面に縛られ、こわばった荒野に生きることを余儀なくされている」からであり、彼らには次々と新奇なものが与えられるが、「新奇なものには、ほとんど永続的な魅力がない」からである。

大人たちは「こわばった荒野に生きることを余儀なくされている」子供たちのために遊び場をつくってあげているが、それら「新しく出来た、非常にたくさんの遊び場には活気がない」。「ほとんどの遊び場は失敗している」。遊び場の建設者は自分がつくる遊び場に子供をはめこもうとして、「ばかげた、高価な誤ちをくり返す」。また、「地方公共団体が事故（そして訴訟）を恐れて、遊び場をつまらないものにしてしまう」。しかし、そうした恐れこそが、かえって事故を引き起こす元となるのである。「非常に重大な事故は、従来の遊び場で退屈のあまり悪ふざけをするときに起きる」。

無気力化し退屈した子供たちが活力を取り戻すためには、大人たちが子供の本性を見極め、子供たちをコンクリートとアスファルトの荒れ地から土の荒れ地へと解放し、また、彼らを監視することをやめなければならない。

子供の本性とは、まず第一に、彼が「疲れを知らない探険家」であり、「汚れて雑然としているのが好き」だということである。「子供は無秩序を喜び、そこから自分の秩序をつくり出すものだ」。「子供たちはがらくた置き場や建設用地でいたずらをしたり、そこにある廃材を使って自分たちで遊びを発展させるほうが好きである」。「人の目には普通がらくたに見える材料が、実は非常に創造的で想像力豊かな遊びと密接に関連がある」。子供たちには「多様な活動」と、「自由に新しいことに挑戦し、自分を試せる場」が必要なのだ。

子供の本性として第二に挙げられるのは、子供は危険な遊びを好むということである。子供は「危険を冒し、その刺激を楽しんだり、自分でものを見出したりする」。「子供が危険を冒して道具を克服し、時には死の原因にもなる道具を使うことを完全に体験することは有益である。生きるためには勇気と忍耐と体力が要る」。危険な遊びは「子供の独立心や、自信や、自分で身につけた手段で生きる能力」を高める。危険な遊びを危険視する大人の「心配し過ぎは子供の成長を妨げることになる」。

子供の本性の第三として考えられるのは、子供は大人の介入できない、自分たちの秘密の世界をつくろうとするということである。「どの国の少年にとっても、秘密感をもち、数人の親しい友達とそれを分かち合うのは楽しいことである」。「子供は自分の世界をもつべきである。そこは、自分が所属し、遊び、友人とともに逃げこみ、遊び中の真実の約束をする機会をもち、家族生活の支配から解放される場所である。一般に考えられていることとは逆に、独立は家族への愛を目覚めさせる。あまりに親密な暮らしでは、家族への愛情は失われるものである」。ここでの、子供の「独立は家族への愛を目覚めさせる」という指摘はたいへん重要である。

子供の本性の第四として挙げられるのは、子供は雑草の茂った、土の荒れ地を好むということである。「荒れ地では、少なくとも、ものを好きなように動かすことができ、古煉瓦や木材で家をつくったり、警官が見ていないときに火を燃やしたり、小川やプールに泥水を流しこんだりすることができたのである。今では、そのような貴重な荒れ地は稀となり、小川は下水溝と化し、丘や小川は均《な》らされてコンクリートの下に埋められ、木はよじ登るためのものではなくなってしまった」。「小さな藪、野草の花、昆虫、蝶、ハリネズミなどのいる荒れ地は、遊びや学習を誘発してくれるものである。こういうものは、笑い、驚きの念、好奇心をかきたたせてくれる」。

『都市の遊び場』の著者は以上のような子供観にもとづいて、アスファルト舗装され、固定遊具が置かれている一般の児童公園のかわりに、土の地面にガラクタなどが散乱する「冒険遊び場」をつくることを提唱するとともに、この「冒険遊び場」づくりの実践活動を続けた。

『都市の遊び場』でアレン・オブ・ハートウッド卿夫人が行なっている、この「冒険遊び場」づくりの提唱は、この本の読者である二人の日本人によって真摯に受け止められた。すなわち、大村虔一・璋子夫妻は『都市の遊び場』の原著を読んで感銘を受け、同書を邦訳出版した。そして、そのあと渡欧し、ヨーロッパ各地の冒険遊び場を歴訪してカメラで撮影し、帰国後は自分たちの居住地区である世田谷区で、持ち帰った写真をスライドにして何度か上映した。

大村夫妻のこうした世田谷区でのヨーロッパの冒険遊び場の紹介活動は、同区の住民に大きな反響を呼び起こした。世田谷区は、一九六四年の東京オリンピック開催以後、急速に都市化が進んだ地域である。それまで農地や原っぱや河川だったところが、あっという間に高速道路になったり、高層ビルに変わったりして、子供たちが安心して遊べる場所がほとんどなくなってしまった。そのため、地元住民は子供たちの遊び場づくりを望んでいた。その住民の一部が大村夫妻のスライド写真を観て、それに刺激を受けて、冒険遊び場を地元につくろうと活動を始めた。悪臭を放つどぶ川が下水道工事によって暗渠化されて、その跡が空き地になっている場所を見つけ、小さい子のいる主婦を中心にして「遊ぼう会」を結成し、区役所の公園課の持ち物だった、その空き地に「冒険遊び場・子ども天国」をつくって、夏休みの間だけ子供たちをそこで遊ばせた。これが「経堂冒険遊び場」である。この「経堂冒険遊び場」の創設に関わった主婦たちは、羽根木プレーパークの会編『冒険遊び場がやってきた！』で、立ち上げの経緯を次のように語っている。

「たまたま前の年にPTAの活動で、子どもの遊びの環境を調べて、外で遊べない状況なんだとつくづく感じてたんです」。「スライドを見ていて、自分の子どものころを思い出したのね。家の近くに川があって、公園や、防空壕や製材所があって、木くずなんかが」散らばっていた。「子どもの遊びに親が関わることは本来しちゃいけない、と思う」。だから、「これは決して自然な形じゃない。だけど、今はこういう形で、意識的に、子どもたちが遊べるように手助けしなくちゃどうにもならない、と思っていた」。

「経堂冒険遊び場」と「桜丘冒険遊び場」は冒険遊び場のはしりだが、存続期間は短かった。両者がなくなったあと、世田谷区の協力を得て、冒険遊び場がいくつか開設されたが、こちらは長期間、存続した。とくに羽根木公園の一角につくられた羽根木プレイパークは現在まで二十数年間続いていて、その活動を記録した『冒険遊び場がやってきた！』が刊行されている。プレイパークとは、公共の場である公園のなかに設けられた冒険遊び場の呼び名である。

羽根木プレイパークの場内には小さな森がつくられ、木と木の間には太い綱が張りめぐらされ、廃材でつくられた小屋も置かれている。地面には汚い廃材などが散乱している。子供たちはここで動物を飼ったり、野外料理をしたりする。「シャベルで穴もほれるし、水を流して川をつくり、泥んこ遊びもできる。たき火もできるし、その火でホットケーキも焼ける」（前掲書）。

ここの地面はすべて土であり、アスファルトやダストの舗装はどこにも見られない。土を素材とした遊びとしては、泥んこ遊び、落とし穴づくり、トンネルづくりなどがある。蛇行した溝《みぞ》での水遊びは、集団で行なうと、流れを堰止めてダムを造ったり、泥の投げ合いをしたりする。いちばん人気があるのはカマド遊びで、レンガやブロックを積んでカマドを造り、新聞紙を燃やして火を起こし、野外料理をする。リーダーハウスと呼ばれる木造の小屋に用意されている、竹、木材、紙、ダンボール、粘土などの材料と、鋸などの工具を使って、子供たちは遊具を作る。竹を用いて竹とんぼ、釣り竿、水鉄砲を作り、太い釘を熱して叩き、ナイフを作る。お面やロウソクや凧なども手作りする。

火を焚いたり、高い木に登ったりするから、ケガをする可能性がある。下手をすると死に至ることもありうる。羽根木プレイパークの入り口に掲げられた看板には「子供が公園で自由に遊ぶためには、事故は自分の責任という考えが根本です。そうしないと禁止事項ばかりが多くなり楽しい遊びができません」とある。

ここは遊具の固定された児童公園のような、子供たちがお客の遊び場ではなく、子供たちが自分たちで遊びを展開していく創造的な遊び場だが、ここで冒険的な遊びをする子供たちには、ガキ大将のかわりに、遊びを指導する大人のプレーリーダーがつねに寄り添っている。「子どもだけで対処できない事態が起きた時にはプレーリーダーが手助けしたり、助言したりしてくれる。プレーリーダーは遊びを教えるという人ではなく、遊びのキッカケをつくるはずみ車のような人である」（同上）。プレーリーダーは「子どもが遊びを展開するのを助ける年上の友だちである」（同上）。

『都市の遊び場』の著者の言葉を借りれば、「硬い地面に縛られ、こわばった荒野に生きることを余儀なくされている」子供たちを「コンクリートとアスファルトの荒れ地」から土の荒れ地へ解放することが、ここでは行なわれているのである。

少年マンガ・一九四七〜七九年

戦後の日本では、昭和二十一年（一九四六年）の春以後、ＧＨＱの奨励策に後押しされたこともあって、野球熱が高まった。プロ野球は戦時中は敵性スポーツと呼ばれて中断されていた試合を再開し、多くの観客が球場に押しかけた。プロ野球、高校野球のみならず、ノンプロの都市対抗や大学野球も熱狂的に支持された。

子供たちの間にも野球熱は伝染した。戦争中に流行った相撲、柔道、剣道は、敗戦と同時に、負けた国の国技だからと、子供たちの遊びの種目からはずされた。子供たちはそのかわり、野球遊びに飛びついた。彼らは原っぱや空き地で、棒切れのバットと、布を丸めたボールを使って、草野球に熱中した。遠藤ケイは『親父の少年時代』で、この大人と子供をともに巻きこんだ戦後の野球ブームについて、こう記している。

「戦後まもなく再開されたプロ野球は、まるでハシカのように、またたく間に全国津々浦々に広がった。娯楽に飢えていた大人はもとより、こどもたちまでが、赤バットの川上〔哲治〕や〔青バットの〕大下〔弘〕などプロ野球の選手に憧れ、町内で野球チームをつくって熱中した」。子供たちの草野球では、「人数が足りなければ三角ベースにし、道具が集まらなかったり、狭い路地でやるときには、ゴロベースになった。／日曜日にでもなると、学校の校庭や空き地は、大人や中学生らの野球の試合に占領され、小さい子はしかたなく、神社の境内や路地で、キャッチボールは三角ベースで野球をするしかなかった」。

こうした子供たちの草野球熱を母胎として生み出されたのが、少年野球マンガの嚆矢といえる井上一雄の「バット君」（昭和二十二〜二十四年）（図1）である。「中学生の少年、長井抜十《ばつとう》が、野球チームに補欠として入り、やがて正選手になるという大きなドラマはあるが、基本的には少年の日常を家族との生活、チームメイトとのやり取り、試合などを交えて描いた生活ユーモアマンガだ」（米沢嘉博『戦後野球マンガ史』）。

バット君は中学二年生で、川上の赤バットに憧れ、中学の野球部への入部を許されて人喜びする。初めは補欠で、エラーも多いが、明るく素直で、友情に厚い。彼は、少年たちの夢が軍人になることから野球選手になることへと変わった時代に、少年たちの野球への熱中を等身大で担った、ごく普通の少年として人気を得た。バット君は「野球をしていると自然に、なんの抵抗もなく人と協調でき、仲良しになれるのである。ちょうどそのころの青少年が、野球さえできれば、生活の不満も食糧の絶対的不足も忘れられたように、バット君は野球をやることによって日常を

図１　井上一雄『バット君』（筑摩書房 1971）

明るくできたのである」（虫明亜呂無「戦後民主主義下の奇蹟」）。井上一雄は草野球の楽しさを子供たちの生活全体に行き渡らせようとした。「社会全体の草野球化、少年化こそ、戦後の廃墟の子ども文化に手をつけようとした人々の理想だった」（斎藤次郎『子ども漫画の世界』）。

作者の井上一雄は中学二年の時、肋膜炎を患ってから十数年にわたる闘病生活を送ったあと、左足が不自由になった状態で、病床から少年雑誌への投稿を続けた。梶井純の『トキワ荘の時代』によれば、彼の妹は梶井に向かって、「バット君は、兄自身実現できなかった野球へのあこがれと情熱を、ペンに託して無心に描いたもの」で、このマンガを描いているときには「その嬉しさと張合いは全身に満ちあふれて」いた、と語っている。この作者の執筆時の「嬉しさと張合い」は、「バット君」の全体にみなぎっている活力として読者に伝わってくる。

作者の井上一雄は昭和二十四年に三十五歳の若さで急逝するが、その後、昭和二十四年から二十九年にかけて、「バット君」をモデルとした少年野球マンガが少年雑誌に次々と掲載された。これらのマンガに出てくる野球少年たちはいつも野球帽をかぶり、一日中、野球のことを考えているような、ちょっとドジではあるが、明るく元気な子供たちであった。

昭和三十年代に入ると、「バット君」に感動してマンガ家を志した寺田ヒロオが「背番号0《ゼロ》」（昭和三十一～三十五年）や「スポーツマン金太郎」（昭和三十四～三十八年）などの少年野球マンガを発表する。

「背番号0」の主人公のゼロ君は少年草野球チームの補欠で、のち正選手になる。頼りになる主将、山からやって来た力持ちなどのチームメイトのほか、おてんばな妹、同級生、父母、町内の人々も登場する。ここに描かれている少年たちの草野球はプロの野球選手になるための修練の場ではなく、面白いごっこ遊びの場である。少年たちは自分たちをやさしく見守る大人たちに囲まれて、野球を精一杯楽しみ、そこからさまざまなものを学んでいく。

「背番号0」の続篇である「背番号0物語」では、ゼロ君を含めたZチームのメンバーは中学に入学するが、野球部で毎日猛練習するのは大変だし、野球ならZチームで充分楽しめると考えて、みな他の部に入って、誰も野球部には加わらない。彼らは野球部の特訓ではなく、草野球の仲間との友情を選んだのである。

寺田ヒロオは「スポーツマン金太郎」(図2)では、プロ野球の世界に子供たちの草野球の世界を忍びこませて、プロ野球を草野球化しようとした。この長篇マンガは、オトギ村の選手権試合のシーンから始まる。金太郎率いる足柄山ジャイアンツと、桃太郎率いる鬼が島ホークスの決戦は延長二十七回戦まで続くが、選手たちが疲労困憊し、日が暮れてボールが見えなくなったので打ち切りとなり、引き分けに終わる。こうしたボールが見えなくなって、ようやく日暮れになったことに気づくというありようこそ、戦後の草野球のものだ。この中断された決戦の続きをプロ野球の場で行なおうということになり、金太郎と桃太郎はプロ野球界入りを志し、その志は果たされる。寺田ヒロオはプロ野球の大人の世界を終始、金太郎と桃太郎という少年の目線で描く。

図２　寺田ヒロオ『スポーツマン金太郎』（草の根出版会 1989）

こうして「プロ野球そのものが草野球になる。金太郎と桃太郎が活躍するプロ野球とは、日本の壮大な草野球にすぎない」（斎藤次郎『子ども漫画の世界』）。

寺田ヒロオは「野球とマンガが人好きな子供が、そのまま常識を備えた大人になったような描き手だった」（『戦後野球マンガ史』）。

昭和六年生まれの寺田ヒロオは、戦前から町ぐるみで野球が盛んな新潟県新発田《しばた》市で育ち、小学時代はテニスボールによる三角ベースに熱中して過ごした。彼は井上一雄について、「直接会ったことがなくて残念だが、ぼくのただ一人の師と思っている」と語り、自分の作品が「スポーツマンシップを尊び、チームワークを忘れずに、負けてもいいからフェアに」をモットーにしているのは「バット君」から学んだものだと言っている。

昭和三十二年、長嶋茂雄が、翌三十三年には王貞治が巨人軍に入団し、ON時代がスタートすると、野球人気はプロ野球中心へと移り、野球は国民的スポーツへの道を歩みはじめる。わちさんぺいの「ナガシマくん」（昭和三十四年）（図3）の主人公の名前はナガシマしげおで、むろん長嶋人気を意識してその名がつけられている。しかし、床屋の息子のナガシマくんは野球少年ではあったが、「のちのスポ根〔スポーツ根性〕もののように、血のにじむような特訓、青春のすべてを賭けるような野球もしなかった。／ときには友達にグローブを借りる程度の野球を、右手用のものしか貸してもらえず、球と間違えてグローブを投げ返すような野球をしていた」（逢河信彦『なつかし漫画王』）。作者のわちさんぺいは、戦後はマンガ家になる前に実家の農家で農業にいそしんでいた人で、戦前の漫画の作風を受け継いで、落語調のスローテンポでマンガを一貫させており、今、彼のマンガを読み返すと、時間がゆるやかに流れていた、のどかな時代の気分が味わえる。

図3　わちさんぺい『ナガシマくん』（虫プロ 1969）

「背番号0」や「ナガシマくん」などの少年野球マンガが人気があった昭和三十年代前半の、草野球が盛んだった子供たちの野外空間について、『戦後野球マンガ史』はこう記している。
「横町や路地では、親子や友人どうしがあちこちでキャッチボールをしていたし、ちょっと長い休み時間は校庭でゴムボールでの野球。人数が少なければ、三角ベースという簡易野球を楽しんでいた。焼け野原ではなく、土管が積まれた空地は、ビルに変わっていくちょっと前の建設予定地だったし、川原は以前よりきれいになっていた。子供たちと野球。一九四六〜五〇年頃よく見られた風景が、高度経済成長期に入ろうとしていた日本に、また戻ってきていたのだ」

米沢嘉博や想田四は、『別冊太陽・子どもの昭和史』などで、「横丁ユーモアマンガ」について書いている。これは昭和三十四年ごろから三十六年ごろにかけて少年雑誌に数多く掲載されたマンガで、近所の悪ガキ連中が原っぱや路地に集まって遊ぶさまを、歳時記に則した一年の遊びの展開として描いていた。「ポテト大将」、「虫スケくん」、「わんぱくター坊」、「そらまめくん」、「がらくたくん」、「台風ぼうや」などのタイトルが並ぶ。有名になる以前のマンガ家の若描き、すなわち赤塚不二夫の「ナマちゃん」、藤子不二雄の「三人組がんばる」、滝田ゆうの「しおまめくん」も、この作品群の一部であった。横丁ユーモアマンガには、野球帽をかぶった少年たちも、野球シーンもよく出てきた。わちさんぺいの「ナガシマくん」も横丁ユーモアマンガといえるだろう。

横丁ユーモアマンガの一つ、ムロタニ・ツネ象の「わんぱくター坊」の内容を、米沢嘉博ほか編の『現代マンガ博物館』は次のように紹介している。「ちょっとトロい兄カッくんと、活発で兄より利発な次男・ター坊の二人兄弟が主人公で、近所の友達や大人たちを巻き込んでの遊びと暮らしの日常が描かれる。忍者遊びでは、近所のお兄さんが師匠格としてター坊たちを弟子にして、壁歩きや水渡りなどの修行に励む。路上での遊びや雪合戦に宝探し、学芸会に運動会など、子どもたちの日々の暮らしのなかにある楽しみがユーモアとドタバタを交えて綴られる。昭和30年代の少年にとっての遊びが真剣すぎるほどまじめな眼差しで見つめられた作品」。

昭和三十一年から四十二年まで十一年間にわたって月刊誌に連載された山根赤鬼の「よたろうくん」(図4)では、弟、いとこ、同級生、隣家の女の子、向かいの家の双生児、けんか大将などからなる町内の子供グループの、演芸大会、胆試しなどの遊びの世界と、ちょっと抜けたところのある主人公のよたろうくんの失敗、ドジなどが描かれる。ここにはよたろうくんの父、母だけでなく近所の大人も出てきて、子供たちのくり展げる珍騒動にそれらの大人たちも巻きこまれる。大人も子供も一緒になった近所づき合いの世界がゆったりしたテンポで描かれている。斎藤次郎の『子ども漫画の世界』によれば、このマンガは「近所の子どもが、年齢や性格にこだわりなく一群となって遊び狂っていたよき時代の記録」として読むことができるし、「膝につぎのあたったズボンをはき、頭はイガグリ逆三角形、何年生だかさっぱりわからないけれども、疑いもなく子どもの典型であったよたろうくんは、今日なお子どもたちの魂の故郷のありかを教えてくれる」。

これらの横丁ユーモアマンガのルーツ、先駆的作品として、井上一雄の「バット君」（昭和二十二〜二十四年）や、馬場のぼるの「ポストくん」（昭和二十五〜二十九年）、「山から来た河童」（昭和二十六〜二十九年）などが挙げられる。

「ポストくん」（図5）では、「正義感が強く、友達から尊敬されているポストくんを中心に、子

図4　山根赤鬼『よたろうくん』（講談社 1976）

図5　馬場のぼる『ポストくん』（筑摩書房 1972）

どもたちの自律的な世界が伸びやかに描かれる。空地を〝聖地〟とする子どもたちの王国では、それをねらう横町のガキグループと『けっせん〔決戦〕』が繰り広げられるが、ガキ大将格のガマ公の腕っぷしより、仲間の団結とポストくんのヒューマニスティックな人間性が『こうそう〔抗争〕』を平和裡に解決する」(『現代漫画博物館』)。「山から来た河童」の「主人公の山野三吉は日本アルプスの山奥の出身だが、村の小学校に転校してきた。河童に似ていることから『かっぱの三吉』とあだ名がつけられる。山育ちの三吉は級友からいじめられるが、それを跳ね返し、三吉をいじめたゴリすけやコンきちと友達になり、学校をさぼって遊びに行ったり、すいかどろぼうをしたりといたずらを繰り広げる」(同上)。

しかし、それらの昭和二十年代の先駆的作品と、昭和三十年代半ばの横丁ユーモアマンガとには大きな違いが見られる。それは、前者では子供たちの外遊びの世界が健在、不変であるのにたいして、後者では子供たちの外遊びの世界は、彼らが遊ぶ空き地が「ビルに変わっていくちょっと前の建設予定地」であることからも分かるように、失われつつあるものだったという相違である。横丁ユーモアマンガは、この消えゆく子供たちの外遊びの舞台、すなわち土の地面、原っぱ、小川、土管などを愛惜の念をこめて描きとどめようとした。また、貧しいが温かい家庭環境、地域環境を背景に、子供たちがよくやるドジやマヌケや失敗を幾分誇張して表現し、それで笑いを取った。

昭和三十年代後半は高度経済成長が本格的に始まった時期である。少年マンガ雑誌も人気が、スローペースの月刊誌からハイペースの週刊誌へと移り、アップテンポのギャグマンガの隆盛のなか、横丁マンガは姿を消していく。

歳時記に即して子供たちの遊びの一年の推移を追う横丁ユーモアマンガは、月刊誌というメディアのなかから生み出されたものだった。昭和三十四年に発刊された少年週刊誌は初めのころは、この種のマンガを掲載したが、週刊というペースとはズレが感じられた。そして、東京オリンピック前後に横丁そのものが消えていくなか、また、テレビの普及により、人々の生活のテンポが月単位から週単位へと速まっていくなか、さらには、少年週刊誌が少年月刊誌を発行部数で追い抜いていくなか、横丁ユーモアマンガのテンポと少年週刊誌のテンポとのズレは決定的となった。時代は、笑いをもっと前面に押し出した狂操的なギャグマンガを求めはじめていて、山根赤鬼、ムロタニ・ツネ象、板井レンタローといった横丁ユーモアマンガの描き手たちもギャグマンガに力を注ぐようになる。

この時期、横丁ユーモアマンガからギャグマンガへの転換に最も成功したのは赤塚不二夫である。横丁ユーモアマンガ「ナマちゃん」を月刊誌「漫画王」に長期連載していた彼は、昭和三十七年に週刊誌「少年サンデー」に連載を開始したギャグマンガ「おそ松くん」でヒットを飛ばす。

斎藤次郎の『子ども漫画の世界』によれば、「『おそ松くん』を突破口に大爆発したギャグ漫画は、おとなをふくめた現代社会のさまざまな虚飾をあばき、人間本来の姿をその弱さ、危うさにおいてえぐり出す鋭い批判精神を内に秘めていた。常識的な約束ごとの虚しさを撃つナンセンスとギャグは、それゆえに読者の心を解放したけれど、しかし、もうそこには『よたろうくん』的な暖かみや優しさは途絶えてしまっている」。諏訪哲二は『子どもが変だ!』に寄せた評論で、赤塚不二夫の「おそ松くん」を、「たとえ相手が兄弟であっても自分の利益のためには妥協しないで自己主張する、個人主義的な生き方を大胆に描いた」マンガと評し、そうしたマンガが「爆発的に売れる時代になった」と書いている。

昭和三十年代後半には、スローテンポの横丁ユーモアマンガがハイテンポのギャグマンガにとって代わられただけではない。少年野球マンガも、昭和二十年代から昭和三十年代前半にかけて発表された、プロ野球の選手に憧れつつも、あくまで少年の草野球の世界から離れまいとした野球マンガとは異なった、新しい展開を見せた。昭和三十六年に連載が始まった、福本和也作・ちばてつや画の「ちかいの魔球」は、九人の野球選手のチームワークから、魔球という必殺技を編み出してスターにのし上がろうとするピッチャーと、その魔球を打とうとするバッターとのせめぎ合いに焦点をずらし、野球を、勝敗にこだわらず結束と友情の場とする遊びから、勝利を追い求める真剣なゲームへとスライドさせた。この「ちかいの魔球」に続いて、選手たちが熱狂し、叫びまくり、感情をオーバーに表出する、ドラマチックな盛り上がりを求めるスポーツ根性ものの野球マンガが次々と現われ、激しさをエスカレートさせていった。

昭和四十一年に「少年マガジン」に連載が始まった、梶原一騎作・川崎のぼる画の「巨人の星」は、このスポ根もの野球マンガの大ヒット作である。これは、かつて巨人軍の選手であった星一徹に厳しく教育されて、その息子の星飛雄馬が「栄光の巨人軍」の星となって輝くために、血のにじむような苦闘を続ける物語で、テレビ化もされ、テレビの主題歌の「思いこんだら試練の道を、行くが男のど根性」という歌詞も人気を呼び、空前のスポ根もののブームを巻き起こした。スポ根もののヒーローは、栄光をつかもうとして、一生懸命に練習を積み、幾多の試練に遭いながらも、それを乗り越えていく。その汗と涙にまみれた姿に読者は拍手喝采を送ったのだ。スポ根ものは、国民が繁栄を求めてあくせく働く高度成長期の日本を直接反映したものであった。「巨人の星」の作者の梶原一騎と画担当の川崎のぼるの二人が（「ちかいの魔球」の画を担当したちばてつやも）、連載開始以前は野球に不案内だったという事情は注目に値する。梶原一騎はそれまでにボクシングの取材などをしていたというから、九人チームの野球を投手と打手の二人の間でくり展げられる格闘技と捉え直したのであろう。

昭和三十六年に連載が始まった「ちかいの魔球」や、昭和四十一年に連載が始まった「巨人の星」といったスポ根マンガの出現の背景には、作田啓一が「高校野球と精神主義」（昭和三十九年）で指摘するような野球の精神主義化が見出されるだろう。同文によると、昭和三十年代には、高校野球から「本当の技術を磨いてそれを表現する楽しみが失われ、目前の勝敗（トーナメントシステムでは一戦一戦を勝ち抜かねばならない）への執着が強くな」ってきた。そして、それとともに、「飛田穂州氏を代表的イデオローグとする『魂の野球』が甦ってきた」。「『勝つための野球』では露骨過ぎるので、意気や熱がレーゾン・デートル〔存在理由〕として持ち出され」たのだ。「魂の野球」、「意気と熱の野球」とは、実は「どこまでも安全第一主義で、相手の失策を期待する」ものである。そこでは、「空疎な観念」である「魂」と「勝手欲」とが手を結んでいる。自由を求めるスポーツとしての野球では、「心を豊かにする〔集中〕ためには、ある種のぜいたく〔分散〕は不可欠」である。そこでは、メンバーに、「自発的活動や異なった意見をもつ自由〔分散〕」が与えられねばならない。ところが、現在の「甲子園戦術」を復活させた高校野球では、その種の「自由を否定するイデオロギーが支配している」のである。

ちなみに、「高校野球と精神主義」の筆者は、現在の高校野球は、「短期の目標達成」をめざし、「失敗は禁物」である点で、「受験にそなえてのわき目もふらない猛勉強」とよく似ていると言っている。そういえば、昭和三十年代後半には受験戦争が始まっていたのであり、同時代におけるスポ根マンガの出現はそのこととつながっていたのかもしれない。

昭和三十年代後半のマンガ界は、このように大きく変化していき、多くのマンガ家たちが編集部の要望に応じて作風を変えていこうとした。しかし、寺田ヒロオはこの変化に適応するために作風を変えることを拒否した。彼は後年、『トキワ荘の時代』の著者の梶井純に、この時期のマンガ界への違和感をこう語っている。「少年週刊誌ができて三〜四年してから、目に見えて内容が変わってきたんです。具体的には、えげつなく、どぎつくなったといえばいいでしょうか。モーレツ時代へ突き進んでいくわけです」。寺田ヒロオは昭和三十九年に少年マンガ週刊誌に描くことを自らの意志でやめ、そして絶筆宣言をして隠退する。マンガ家たちの寄り集まったアパート「トキワ荘」で寺田ヒロオとつき合いのあった赤塚不二夫は『赤塚不二夫１２０％』で、隠退後の寺田ヒロオについて、こう語っている。「寺さんはそれからずーっと、何もしないで生きていた。家を一歩も出ないで、誰にも会わずに、朝から焼酎を飲んで……」。

たしかに昭和三十年代後半のマンガ界は高度成長時代のアップテンポに適合して「モーレツ時代へ突き進んでい」った。しかし、一方では、そうした時代の流れに逆らおうとするマンガも発表された。

昭和三十年代後半には、子供たちは受験熱に巻きこまれ、それとともに、学校での優等生と劣等生という序列の通用しない、地域の子供集団が解体していった。劣等生であることが多かった遊びの達人は、この集団が消え失せると、もはや尊敬の眼差しで見られることはなくなる。森田拳次の「丸出だめ夫」（昭和三十九〜四十二年）は、そういう学校化の状況に抵抗した少年マンガであった。このマンガの主人公の丸出だめ夫は、学校の試験で０点を取ることが特技の劣等生で、いじめられっ子だが、勉強以外の遊びの世界では抜群の才能を発揮する。作者の森田拳次は逢河信彦によるインタビューで、「昔の学校のクラスには、必ず一人や二人の〝だめ夫〟はいましたね。びっくりするくらい勉強のできない、そのくせ遊びを考えさせると次々とひらめくような天才がね」と語っている。「丸出だめ夫」の作者は、「昔のクラスに」「必ず一人や二人」はいたが

図6　吉沢やすみ『ど根性ガエル』（集英社 1972）

受験熱のなかで面目を失いつつある遊びの天才を少年マンガのなかに甦らせたのである。

吉沢やすみの「ど根性ガエル」（一九七〇〜七六年）（図6）は、斎藤次郎の『「少年ジャンプ」の時代』によれば、「馬場のぼるの『ポストくん』、山根赤鬼の『よたろうくん』、わちさんぺいの『ナガシマくん』といった五十年代の月刊誌に連載された人気漫画の週刊誌時代のリニューアル」ともいえる作品であり、一九六〇年代後半以後の「子どもを置き忘れかけた少年漫画の世界」のエアポケットのようなマンガである。

　主人公の中学生、ひろしは原っぱで石に蹴つまずいてころんだ拍子に、一匹のカエルを押しつぶしてしまう。だが、つぶれたカエルのピョン吉はひろしのTシャツに貼りついて、ぺっちゃんこの「平面ガエル」として生きているではないか。このカエルのピョン吉とひろしとは、しょっちゅうケンカしては仲直りする。このコンビに近所の遊び仲間が加わって、ドタバタ騒ぎをくり展げる。ひろしのシャツに貼りついたピョン吉は原っぱに集う子供たちのグループの象徴である。「ひろしは、つまずいて転ぶ瞬間、カエルに『逃げろ！』（「うわっ　どけ　どけっ」）と叫んでいる。カエルと共棲することを当然とした時代の子どもの反応だったのだ。だからこそ、つぶれてシャツに貼りついたカエルと共に生きることが可能だった」（前掲書）。

　カエルを仲間とする遊び集団をメインに据えたこのマンガには、東京下町の最後の姿が捉えられている。ひろしが家でシャツを洗濯する場面では、外流しにタライが置かれ、洗濯板で洗っている。風呂は銭湯である。画面の隅々まで生活感が漂っている。空き地には土管がころがっていて、カエルが棲息できる草むらもある。一九七〇年代初めの子供の読者は、こういう原っぱマンガを自分たちの生活の場と地続きのものとして受け入れていたのだ。

「ど根性ガエル」と同じく一九七〇年に連載が始まった、とりいかずよしの「トイレット博士」では、七〇年代前半まではかろうじて残っていた子供たちの秘密志向の遊び集団が登場する。それは主人公の少年が同級生、弟、担任の先生とともに結成する謎の秘密結社、メタクソ団である。

「友情・努力・勝利・団結」のメタクソ魂をモットーとするこの秘密結社は、団員が胸にマ・

タ・ン・キのうちの一文字を染め抜いた、そろいのシャツを着て、何かというとMKと書かれた、

メンコのような丸いバッジを見せ合い、友情と団結を誓う合言葉の「マタンキ」を口にする。こ

の、「目的などはどうでもよく、さもなにか意味ありげな単純な儀式をとおして、互いに仲間で

あることを確かめあう仲よしグループ」(前掲書)は読者の人気を集め、当時の子供たちは遊び

仲間と顔を合わせると「マタンキ」と言い合ったという。

　少年野球マンガでは、一九七二年に、ちばあきおの「キャプテン」が連載を開始する(図7)。「キャプテン」の主人公は、荒川の右岸にある下町の中学校の野球部に所属する谷口である。この野球部のチームは、甲子園をめざすわけでもなく、試合に出れば負けの三流チームで、谷口はこのチームの補欠程度の実力しかない。この谷口をはじめとする、チームの平凡な少年たちは、はにかみ、顔を赤らめ、照れながらも、粘り強さによって、対戦チームのエリート球児たちを倒していく。『戦後野球マンガ史』によれば、ここに描き出された野球少年の姿は「かつて『バット君』で出会い、寺田ヒロオのマンガで気のおけないものになっていた、仲間意識を共有できる等身大の少年像」である。

　斎藤次郎の『子ども漫画の世界』によれば、「キャプテン」は「『巨人の星』の発想法をひとつひとつ逆転させ」ることによって、「巨人の星」が少年たちから取り上げた野球を少年たちの手

図7　ちばあきお『キャプテン』（集英社 1995）

に戻そうとする。主人公の谷口タカオは名門中学の野球部の末端、二軍の補欠の地位にあったが、その野球部の猛特訓に嫌気がさし、「のびのび野球を楽し」もうとして、監督、部長、コーチなどの管理する大人を排した、草野球レベルの墨谷二中をあえて選んだ。この設定そのものが反「巨人の星」なのである。こうした名門志望コースからの自発的落ちこぼれを主人公にすることによって、「ちかいの魔球」から「巨人の星」に至る「野球漫画における英雄伝説は崩壊した」。「『バット君』の夢はこうしていま、日本中の子どもたちの身の上に実現する」。

斎藤次郎は『『少年ジャンプ』の時代』でも「キャプテン」に言及して、こう述べている。「キャプテン」は「脱スポ根」マンガであり、そこに登場する野球選手は読者と等身大の普通の少年であり、そこで展開される野球は「あと先のことを考えず『いま』に集中する」「広い意味での遊びの世界」である。「登場人物一人ひとりに行きわたるちばあきおのやさしい眼差しは、スポ根ぼけのぼくや子どもたちを正気に返してくれたのであ」り、「井上一雄の『バット君』のところに、野球マンガは二五年ぶりに帰ったのだ、といえるかもしれない」。

もっとも、斎藤次郎は「キャプテン」は昭和二十年代の野球マンガの原点への回帰のマンガであるとは言っても、当時の少年野球が昭和二十年代の草野球の原点へ回帰したとは言っていない。彼は前掲書で一九七〇年代初めのころの少年野球の状況について、こう書いている。

「非行化防止という思惑もあって中学の『部活』は異常なハード・トレーニングにあけくれするようになる。少年野球チームが『外で遊ばない』子どもたちに対するおためごかしの対策として各地にできはじめてもいた。／好きな子ども同士で思いっきり野球をして遊ぶ、などということは、少なくとも都市部の少年たちには、不可能になっていたのである。草野球をやるには、最低でも八～十人は仲間は必要だが、もう簡単にはそれだけの人数が集まらなくなっていた。自由にボール遊びができる場所も少なくなった。／草野球が自由にできたときは、そこを出発点としたヒーロー物語が子どもたちの夢と空想をかきたてた。しかし、ジャイアンツに入団する漫画のヒーローの運命を追っているうちに、気がついたら草野球を遊ぶ余裕もなくなってしまったのである。ああ、思いっきり野球がやりたい！　少年の夢は急速に手元にもどってきたのである。ちばあきおが摑んだのは、そういう子どもの心だったのだ。草野球や部活の野球さえが、心からたのしめる形では、もう漫画の中にしかなくなってしまった。ちばあきおの野球漫画には、少年のさびしさが影を落としている」

「キャプテン」が描き出した、大人に管理されない、子供たちだけの「のびのび野球」は、昭和二十年代に草野球に熱中した少年であった作者が、遊びとしての草野球がスポーツとしての少年野球にとって代わられていった一九七〇年代に紡ぎ出した夢の世界であったのだ。

あとがき

「原っぱが消えた」というタイトルの本を出してみたいという願いは、ずいぶん前から抱いていた。その年来の願いがこのたび叶えられて大変うれしい。そのような夢が実現したのは、本書の第Ｉ部の原型をなす原稿に、晶文社編集部の宮里潤さんが食いついてきてくれて、長らく口から離さないでいてくれたおかげである。

第Ｉ部「原っぱが消えた」は、評論では奥野健男の『文学における原風景』、四方田犬彦の「シャアウッドはどこへ行ったか」、小説では北杜夫の「天井裏の子供たち」、日影丈吉の「泥汽車」と出会ったことが執筆動機の核となっている。もっとも、この第Ｉ部のみでは単行本化するのには枚数不足で、第Ⅱ部「子供たちの遊び場の行方」を書き加えることで、ようやく一書の体裁が整った。

本書の姉妹篇に当たる『子供たちはみんな表で遊んでた』はすでに右文書院から刊行済みである。同書に「原っぱ」の章が欠けているのは、本書刊行を念頭に置いていたからである。

『ぼくのコドモ時間』の著者である南伸坊さんに、『渥美清――浅草・話芸・寅さん』に続いて装釘していただけたことも大変うれしい。

著者について

堀切直人（ほりきり・なおと）

一九四八（昭和23）年神奈川県横浜市生まれ。七九年、『日本夢文学志』（冥草舎）でデビュー以降、大正～昭和十年代の作家・作品を取り上げた文芸評論などで活躍。近年、「浅草」四部作で膨大な資料を駆使して、東京下町庶民文化を浮き彫りにした。著書に『渥美清——浅草・話芸・寅さん』（晶文社）『愚者の飛行術』『野に属するもの』（以上沖積舎）『浅草』（栞文庫）『浅草　江戸明治篇』『浅草　大正篇』『浅草　戦後篇』『堀切直人コレクション』全3巻（以上右文書院）など。

原《はら》っぱが消《き》えた

——遊《あそ》ぶ子供《こども》たちの戦後史《せんごし》

二〇〇九年八月一〇日初版

著者　堀切直人

発行者　株式会社晶文社

東京都千代田区外神田二-一-一二

電話（〇三）三二五五-四五〇一（代表）・四五〇三（編集）

URL http://www.shobunsha.co.jp

堀内印刷・ナショナル製本

ISBN978-4-7949-6746-6　Printed in Japan